金融(证券)投资学实验教程

(含实验报告书)

徐 强 编著

东南大学出版社
·南京·

内 容 提 要

本实验教程从实践求真的角度,将现代投资学基本理论、基本方法和基本技巧通过若干实验全新展现,既是对理论方法技巧的验证,也是对理论方法技巧的进一步延伸。本实验教程可以涵盖金融学专业四年的投资分析实验,因此既包括诸如"公司金融学"等投资基本面分析相关课程,也包括"证券投资学"等专门投资分析相关课程,更适用于"证券投资技术分析"等投资技术面分析的相关课程。当然作为一门独立的实验课程的教材也是可以的。

本实验教程含实验报告,对教师完成实验成绩评判、学生完成实验相关具体内容都有一定的直接帮助,反映了当今对培养学生发散思维、逻辑思维等研究性教学的需求。本实验教程对相关课程的理论知识进行了延展,完整做完实验,可以深刻理解相关教科书上的学习要点、重点难点,实验教程也方便使用者进行自我训练。

本书可作为金融学专业学生学习"货币金融学""证券投资学""公司金融""投资银行学"等课程的配套实验教材使用,也可以作为各类经济与管理专业学生学习"(证券)投资学"的配套教材使用。作为落地的实验教材,对于进行金融投资的投资者也会有很大的帮助。

图书在版编目(CIP)数据

金融(证券)投资学实验教程/徐强编著. —南京：东南大学出版社,2019.6(2024.8重印)
 ISBN 978-7-5641-8369-1

Ⅰ.①金… Ⅱ.①徐… Ⅲ.①金融投资－高等学校－教材 ②证券投资－高等学校－教材
Ⅳ.①F830.59

中国版本图书馆 CIP 数据核字(2019)第 076176 号

金融(证券)投资学实验教程
Jinrong (Zhengquan) Touzixue Shiyan Jiaocheng

编　　著：	徐　强
出版发行：	东南大学出版社
社　　址：	南京四牌楼2号　邮编：210096
出 版 人：	江建中
网　　址：	http://www.seupress.com
经　　销：	全国各地新华书店
印　　刷：	广东虎彩云印刷有限公司
开　　本：	787mm×1092mm　1/16
印　　张：	8.5
字　　数：	212 千字
版　　次：	2019 年 6 月第 1 版
印　　次：	2024 年 8 月第 2 次印刷
书　　号：	ISBN 978-7-5641-8369-1
定　　价：	32.00 元

⊙ 本社图书若有印装质量问题,请直接与营销部联系。电话:025-83791830
⊙ 本书为任课老师提供参考PPT,请联系：xq8xq8@126.com；LQCHU234@163.com

前　言

现代金融体系主要由银行体系、保险体系、投资体系构成,但金融存在的根本是有效利用社会金融资源,无论是银行、保险,还是投资,都需要遵循这个基本要求,所以,社会在变革过程中,发达市场经济国家的金融体系已经逐步由过去的融资体系,变化为现在的投资体系。我国的金融体系虽然还没有形成以投资为核心的金融体系,但这个转变的过程正在进行中,由投资的合理性才能倒逼出融资的合理性。

我国金融发展起步较晚,在 1978 年开始的经济改革过程中,资金的短缺成为突出的矛盾之一,所以,金融的改革和发展也一直是以融资为目标的,经过几十年的发展,无论是银行体系还是投资体系都有了巨大的进步,特别是投资体系,已经深入到了金融的各个领域。目前不仅仅是传统的证券公司作为投资中介存在并壮大起来,而且包括公募证券投资基金、私募基金、保险资金甚至银行理财资金等在内的社会资金,都通过投资进入到支持实体经济的渠道中来,(证券)投资已经成为现代金融最重要的组成部分,因而也是学习金融学专业的学生需要掌握的主要专业知识之一。

长期以来,按照"重基础,轻实践"的本科教学模式,我国的金融学教学偏重于理论,对包括投资在内的现实金融都缺乏实际接触,学生们普遍缺乏对现实金融的感性认识,更缺乏在金融实践方面的深入思考,使得理论脱离实际,理论的指导价值也被埋没。另一种片面的认识,认为金融实践就是金融实务,那是专科层次培养专门人才的任务,这显然是混淆了实践和岗位培训的区别。

本投资学实验教程就是要重新构建全面的投资学基础实验环节,不但要促进学生们提高金融投资的实践能力,更要给学生们面对实际金融投资环境的思考空间,有利于提高他们科学有效的思维能力。

本实验教程抛弃了传统教条实验、书本实验的教学方式,采用了与真实投资分析环境一致的实盘分析模式。在实验原理、实验内容、实验步骤等方面都针对实际投资环境,引导学生进行模拟真实投资分析。

本实验教程全部教学学时安排是 24～28 学时,但由于投资分析的实验环境可以在网络环境下进行,所以,学生还可以利用课外时间进行更多学时的实验学习,提高学习的有效性。

本教程各部分实验安排的主要思路如下:

实验一　证券投资实验环境(2 学时)

当下投资分析和投资操作的运用软件很多,但核心部分都没有脱离最初的钱龙软件系统,换句话说,现在多功能的分析系统并非是针对专业分析师设计,而是试图将分析技术变成"傻瓜机"提供给非专业的投资者。而作为初学金融的学生,虽然在投资技术和投资分析方面不如现在的非专业投资者,但他们将是未来的专业投资分析师,因此学习的主要任务还是要掌握有效的投资分析技术,而非了解不断增强和变化的投资分析和操作软件功能。因此,本实验安排的主要是熟悉最基本的投资分析软件功能。本实验要避免学生落入复杂软件提供的"信息"中,被机器左右了分析的思路。本实验是其他各类投资分析的基础。

实验二 证券投资宏观基本面分析(2学时)

在投资分析岗位设置中,有一个非常重要的岗位是策略分析师,策略分析师的核心分析技术是宏观分析技术;在基本面分析技术方面,有一个重要的分析内容是宏观基本面的分析。笔者相信未来的策略分析师大部分是金融学子,未来基本面分析技术中,宏观分析一定具有特别的价值。但现在金融学专业课程体系是无法满足策略分析师角色要求的,也无法满足基本面宏观分析的基本要求,未来估计也难以实现。这主要是因为宏观基本面分析所涉及的内容是现有学科体系不能体现的。作为本科生,先从基础做起,逐步提高宏观分析能力是本实验的主要目的。本实验要改变《宏观经济学》等课程给学生留下的"误区":以为只要学好了经济学理论,就能做好策略分析师,或者宏观基本面分析的工作。实验主要试图提供给学生们做好宏观分析的基本思考路径。

实验三 证券投资行业板块分析(2学时)

大多数投资分析方法中,都会以为行业分析是微观投资分析最主要的两个基本面分析之一(另一个通常被认为是公司分析),或者很多人认为行业分析和区域分析是中观基本面分析。但在实际的分析师角色安排中,行业分析师通常都来自于各行各业的专业人才,并非金融学专业人才,这带来金融学专业的定位误区,现有的教学体系都没有给本科生任何行业分析和行业分析定位的训练。本实验试图改变这个状况,主要通过提供金融投资分析师应该掌握的行业分析思路,未来行业分析师岗位的基本思考路径,以及实际投资分析中行业板块分析的基本分析路径等几个方面,给学生更多的行业分析思考空间。本实验将当下理论界流行的基本面中观分析思路进行分解,不但提供微观—中观分析、宏观—中观分析的基本思路,还围绕上述逻辑思路的训练安排了看似类似的另一个实验(实验五)来完成传统意义上的行业分析。

实验四 证券投资公司分析(2学时)

对公司分析历来是金融学课程体系中最看重的分析领域,所以在课程体系中,不但有"财务分析"这类被认为是会计类课程的教学内容,也有与会计学专业争夺课程归属权的"公司金融"课程,全面的公司分析也是基本面分析的核心内容。但无论是"财务分析"课程,还是"公司金融"课程,课堂教学都必须介绍各种分析模型和分析公式,公司分析的基本知识都是通过诸如财务分析、公司金融等分散在各个章节来完成的,学生们往往缺乏从金融投资的视角审视这些内容的可能和机会。本实验就是要构建这个视角下的公司分析框架,建立这些专业知识与投资分析之间的关系,给出公司分析最有效和正确的分析路径。因此,本实验的主要目的是从程序和逻辑路径上对学生进行公司分析相关专业知识的一个梳理。

实验五　证券投资概念板块分析(2学时)

在实际的投资分析中,有一个"概念板块"的概念。"概念"的形成并不简单,它既不是简单的行业板块概念,也不是没有价值的炒作概念,在实际的概念板块中,概念所涉及的板块可大可小,也可能是某个"题材"和"说法"就能造就,譬如高送转概念板块,它就和公司基本面相关;航母概念板块,它就和宏观基本面相关。所以,现有教学体系中基本面和技术面都没有给出"概念板块"应有的位置,加上中国"炒作"的投资背景,很容易给学生一个错误的印象:概念板块就是没有实际价值的炒作概念。本实验要改变这些误区引导,还原概念板块的真实价值,将学生们在各个课程学习中的零散知识,通过概念板块分析实验进行联系。本实验要解决的是概念形成的过程和对概念的理解。

实验六　投资如何选股和选时(2学时)

关于投资选股,投资分析中最常见的说法是"基本面选股,技术面选时"。但在实际投资中,基本面和技术面的分析都可以选股,也都可以选时,问题的关键是选股和选时的策略与投资的策略要相匹配。因此,在投资分析中,选股的技术手段和方法不是选股本身,而是选股的对象;选时的技术方法不是时机把握本身,而是谁要选时。本实验是要通过具体的选股和选时分析,让学生了解区别不同"收益—风险—流动性"风格的投资者不同选股方式。换句话说,投资分析成败的另一个关键是对投资者的分析,目前的金融学课程体系中并未有涉及这项内容的课程或者内容,通过本实验,给学生们一个重新审视选时投资和选股投资的思考空间,为今后实战分析打下更好的基础。

实验七　技术形态分析(2学时)

在"(证券)投资学"和"投资技术分析"这两门课程中,技术形态分析是篇幅很大、地位很重要的一个方面,在课程理论教学中,技术形态分析常常被解说为一些标准的形态,譬如头肩形、三角形、旗形等,讲解这些标准形态的内容和其技术意义,但在实际的投资中,这种标准形态出现的概率很低,并且即使出现了也不一定有理论上的技术意义的结果,这往往造成学生们对包括技术形态分析在内的投资技术分析的有效性产生怀疑,乃至对投资技术分析产生误解,甚至扩大到认为任何投资分析都没有价值,资本市场价格是随机不可预测和分析的,从而削弱了专业知识和分析技能学习的积极性。本实验就是要从实战分析的角度,重新定位技术形态分析,给学生们的技术形态分析来个化繁为简,提供形态分析的科学思考路径训练,以提高学生们面对复杂多变形态的应变分析能力。

实验八　技术量价关系分析(2学时)

价、量、时间坐标是技术分析的三要素,但在实际的技术分析理论教学中,常常因为技术形态的多样性和直观性,技术指标的神秘性和数量性,而使得资本价格分析成为教学的主体,这实际上在一定程度上违背了技术分析的原则,没有体现出技术分析的本质,脱离了投资实际。但课程课堂教学的特点决定了这种知识体系很难被改变。因而,迫切需要给学生们一个真实有效的技术分析核心轴,这个核心轴就是量价配合分析和在时间坐标上的不同表现。本实验就是要从实际投资分析中的一个特别角度,让学生认识技术分析的核心内涵:量价的关联性分析的价值和意义,并从基本量价关系分析的实验中,寻找分析的逻辑路径,将技术形态分析和指标分析的价格分析与各种反映"量"的指标和信息联系起来。

实验九　投资盘口分析(2学时)

在技术分析中,判断投资各方力量对比和行动意义的信号主要来源于盘口信息,但由于盘口信息稍纵即逝的特点,在课程的课堂教学中是很难展示出来的。所以,大多数的投资分析课堂教学中,都不讲解盘口的内容,不涉及盘口信息的分析,而在实际的投资分析中,盘口又是窥探投资各方力量进行博弈的关键信息之一,这成为理论教学与投资实践之间脱节的最严重表现之一。本实验环节通过实时盘口的观察,了解盘口分析的基本思路,让学生充分了解盘口信息的观察点和观察方式。但盘口分析实际是一个需要连续观察,费时费力的分析手段,所以,课程实验只提供一次实验机会,但对于有志于投资分析作为终生职业的学生,可以利用课余时间,学习连续观察盘口信息,进行盘口分析的实践。

实验十　趋势与阻力—支撑位分析(2学时)

配合前面实验七和实验八的内容,在技术形态分析和量价分析中,一个有效并且相对简单的观察方法是,在价格形成上涨趋势,或者下降趋势时,对资本价格趋势进行分析;在价格没有趋势,或者趋势出现拐点的时候,对资本价格的阻力—支撑位进行分析。这是技术分析的投资判断中,常见的化繁为简的科学分析方法。在复杂多变的技术形态和量价关系变化中,要记住一些经典的形态和量价关系,不如记住一些关键的分析技术,因为这些技术是分析大量出现的非经典形态和量价关系的主要手段。而趋势和阻力—支撑位的分析技术,就是这些关键技术之一。本实验主要让学生了解趋势变化的基本规律和在阻力位、支撑位识别及它们相互转换过程中的一些盘面特点。

实验十一　指标分析(2学时)

指标是对价、量、时间坐标这些技术分析的三要素的直接信息进行一定的转换后得到的一种间接的表达,大多数技术分析教学中,都喜欢把指标分析描述得非常神奇,这对于初学者容易形成误导,不利于学生掌握技术分析的本质。指标又有很多种类,常用的指标就有几十种,所以,传统的投资分析课程教学习惯于将指标分析的功能夸大。而本实验教程将所有指标的分析只放在一次实验课程中进行,一方面是试图降低指标在投资分析的地位,另一方面是还原指标的本质价值。本实验不通过全面介绍各类指标体系来验证指标的价值,而是选择任何指标进行分析时的具体步骤和方法。这既给学生正确认识指标,利用指标分析的逻辑思路,又给学生学习各类指标提供了有效的几个主要分析路径。

实验十二～十四　综合分析(该项实验可以安排3次共6学时的课内实验时间)

在全面的投资分析理论教学和以上各个分步投资分析的实验课程之后,摆在学生们面前的一个关键问题是如何综合运用这些理论和技术进行综合分析。本实验环节就是在学生们了解和掌握了投资分析的技术和方法的基础上,通过最后的实验环节,要解决学生们进行投资综合分析时的先后顺序和分析重点的问题。本实验主要提供综合分析的基本思路,分步分析和综合分析的具体分析效果,是要通过一定周期的跟踪才能实现,除了在课程存续期间,通过跟踪具体资本工具的价格变动与预测结果之间的偏差来检验外,学生们也可以在课程结束后,通过课外长期坚持分析和观察来解决。课程内的教学不是目的,课内外的专业学习才是金融学专业学生应该拥有的学习态度,也是本实验教程试图培养学生养成的学习习惯。

由于现行投资学教学课程体系学时安排的限制,本实验教程要求的学时数或许不能满足,此时可以进行学时调整来基本实现投资学实验的教学目的。具体的调整建议如下:

"(货币)金融学"安排实验2学时,进行实验一教学;

"(证券)投资学"安排实验8学时,将实验二、实验三和实验五合并,进行2学时教学;将实验七、实验八、实验九、实验十合并,进行2学时教学;实验十一进行2学时教学;将实验六和实验十二合并,进行2学时教学。

"公司金融"安排实验2学时,进行实验四教学。

如果教学课程体系中专门安排了"投资技术分析"这门课程,则可以将实验六到实验十二的14课时进一步细分,增加到20课时。

在"金融工程学"课程中,可以安排期货、期权、期指等金融衍生工具的投资技术分析的实验,实验的主要内容类似本教程实验七到实验十二,可根据学时和内容需要进行取舍。

在"投资银行学"课程中,可以安排宏观、行业分析和公司分析的实验内容,实验的主要内容可以参考本教程的实验二到实验四的教学内容。

本实验教程的资料收集得到南京航空航天大学"十三五"规划本科建设项目"证券投资MOOC及系列教材建设"的支持。

本实验教程由南京航空航天大学经济与管理学院徐强教授编著,徐强教授既有几十年的证券投资(分析)的教学经验,也有20多年的证券投资的实践经验,但受到作者水平的限制,本教程难免会有疏漏之处,欢迎使用者提出宝贵意见、建议,也欢迎与作者进行相关的交流,作者的邮箱是:xq8xq8@126.com。

金融(证券)投资学实验总览

班级		姓名	
学期		成绩	
实验一		证券投资实验环境	
实验二		证券投资宏观基本面分析	
实验三		证券投资行业板块分析	
实验四		证券投资公司分析	
实验五		证券投资概念板块分析	
实验六		投资如何选股和选时	
实验七		技术形态分析	
实验八		技术量价关系分析	
实验九		投资盘口分析	
实验十		趋势与阻力—支撑位分析	
实验十一		指标分析	
实验十二~十四		综合分析	

目 录

实验一　证券投资实验环境 ································· (1)
　【实验目的】 ··· (1)
　【实验原理】 ··· (1)
　【实验内容】 ··· (2)
　【实验步骤】 ·· (10)
　【实验报告】 ·· (10)

实验二　证券投资宏观基本面分析 ························· (14)
　【实验目的】 ·· (14)
　【实验原理】 ·· (14)
　【实验内容】 ·· (15)
　【实验步骤】 ·· (22)
　【实验报告】 ·· (23)

实验三　证券投资行业板块分析 ··························· (26)
　【实验目的】 ·· (26)
　【实验原理】 ·· (26)
　【实验内容】 ·· (27)
　【实验步骤】 ·· (34)
　【实验报告】 ·· (34)

实验四　证券投资公司分析 ······························· (37)
　【实验目的】 ·· (37)
　【实验原理】 ·· (37)
　【实验内容】 ·· (38)
　【实验步骤】 ·· (45)
　【实验报告】 ·· (45)

实验五　证券投资概念板块分析 ··························· (48)
　【实验目的】 ·· (48)
　【实验原理】 ·· (48)
　【实验内容】 ·· (49)

【实验步骤】 …………………………………………………………………… (54)
　　【实验报告】 …………………………………………………………………… (55)

实验六　投资如何选股和选时 …………………………………………………… (58)
　　【实验目的】 …………………………………………………………………… (58)
　　【实验原理】 …………………………………………………………………… (58)
　　【实验内容】 …………………………………………………………………… (64)
　　【实验步骤】 …………………………………………………………………… (67)
　　【实验报告】 …………………………………………………………………… (68)

实验七　技术形态分析 …………………………………………………………… (71)
　　【实验目的】 …………………………………………………………………… (71)
　　【实验原理】 …………………………………………………………………… (71)
　　【实验内容】 …………………………………………………………………… (74)
　　【实验步骤】 …………………………………………………………………… (76)
　　【实验报告】 …………………………………………………………………… (76)

实验八　技术量价关系分析 ……………………………………………………… (80)
　　【实验目的】 …………………………………………………………………… (80)
　　【实验原理】 …………………………………………………………………… (80)
　　【实验内容】 …………………………………………………………………… (83)
　　【实验步骤】 …………………………………………………………………… (87)
　　【实验报告】 …………………………………………………………………… (87)

实验九　投资盘口分析 …………………………………………………………… (90)
　　【实验目的】 …………………………………………………………………… (90)
　　【实验原理】 …………………………………………………………………… (90)
　　【实验内容】 …………………………………………………………………… (94)
　　【实验步骤】 …………………………………………………………………… (96)
　　【实验报告】 …………………………………………………………………… (97)

实验十　趋势与阻力—支撑位分析 ……………………………………………… (100)
　　【实验目的】 …………………………………………………………………… (100)
　　【实验原理】 …………………………………………………………………… (100)
　　【实验内容】 …………………………………………………………………… (102)
　　【实验步骤】 …………………………………………………………………… (105)
　　【实验报告】 …………………………………………………………………… (106)

实验十一　指标分析 …………………………………………………………………（109）
　【实验目的】 …………………………………………………………………………（109）
　【实验原理】 …………………………………………………………………………（109）
　【实验内容】 …………………………………………………………………………（112）
　【实验步骤】 …………………………………………………………………………（115）
　【实验报告】 …………………………………………………………………………（116）

实验十二～十四　综合分析 …………………………………………………………（119）
　【实验目的】 …………………………………………………………………………（119）
　【实验原理】 …………………………………………………………………………（119）
　【实验内容】 …………………………………………………………………………（119）
　【实验步骤】 …………………………………………………………………………（120）
　【实验报告】 …………………………………………………………………………（120）

实验一 证券投资实验环境

【实验目的】

任何证券投资分析都需要在一定的环境下进行,本实验要提供给大家实验所必需的,或者可能获得的各种实验环境,换句话说,要提供投资分析所必需的,或者可能获得的各种资料、信息来源及渠道。

当下投资分析和投资操作的数据库和运用软件很多,但核心数据不是加工深度的问题,而是保持原貌的适当加工,否则就会丢失原有信息的真实内涵;至于交易分析软件,那是实时信息来源的重要组成,因此作为分析师也应该接近原始状态下的信息才比较可靠,现在的大部分证券交易软件都没有脱离最初的钱龙软件系统,只是在这个基础上,进行了深度的信息处理和加工,换句话说,现在多功能的分析系统并非针对专业分析师设计,这些软件只是试图将分析技术变成"傻瓜机",然后提供给非专业的投资者分析结果,而作为初学金融投资的学生来说,虽然在投资技术和投资分析方面不如现在的非专业投资者,但他们将是未来的专业投资分析师,因此学习的主要任务还是要掌握有效的投资分析技术,而非了解不断增强和变化的投资分析和操作软件功能,所以,分析的环境回归本源为好。

本实验安排主要是提供给大家了解各种信息的来源及其渠道,熟悉最基本的投资分析软件功能。本实验要避免学生落入复杂软件提供的"信息"中,被机器左右了分析的思路。本实验是其他各类投资分析的基础。

【实验原理】

投资分析不是简单的利用所学理论对数据的分析过程。

原理之一:任何有效的分析,都需要建立在恰当的理论基础上,虽然我们不一定"创造"理论,但我们一定不能盲从理论,否则你所运用的理论就是教条!因此,本实验的第一个环境是建立起自我的分析系统,没有科学思维方式的任何分析都可能带来巨大的错误的结果。

原理之二:尽可能多地获得各种与投资分析相关的原始数据,对原始数据进行处理之后的数据,要能够还原本意。因为只有充分了解数据本身的原始意义,我们的分析才不至于走偏。因此,本实验要建立的第二个环境是原始本源的数据来源,而不是寄希望于任何提供了大量深度处理,看不出数据本源意义的数据。后者是初学者希望获得的,但这是投机取巧的学习方式,需要摒弃。

原理之三:分析需要借助分析方法,但我们不能被分析方法左右,以为分析方法万能。所以,各种定量、定性的分析方法是我们实验学习的环境基础,但我们更要了解分析方法适用的环境。因此,本实验提供给大家学习软件基本功能的同时,一定强调这些辅助分析手段所分析对象的本来意义。

原理之四:各种分析所需数据有静态的和动态的两类,我们观察数据,利用数据特别需要对动态、稍众即逝的数据进行把握,这给我们的投资分析环境提出了一个基本要求:同时对多个数据的观察。因此,本实验要求大家有对分析环境的多数据源同时进行观察的能力和习惯(尽管各个实验硬件环境不一定都能满足这个需要,但养成习惯依旧是很重要的)。

【实验内容】

(一)了解证券投资分析信息数据来源取得的环境

投资分析信息数据来源的获得一般有三个渠道:(A)公开数据源;(B)商业数据源;(C)定制数据源。

公开数据来源通常都是原始数据,分析师运用起来会有一点数据量大、数据凌乱的感觉,但获得这种原始公开的数据实际上也是获得权威有效数据的重要一步,分析师要学会对这些数据的观察和分析。获得这些数据一般不会很困难,目前比较常见的公开数据源如下:

1. 按日公布的数据源

(1) 公开市场业务中央行票据、央行正回购业务的发行金额、发行利率等相关信息,这种数据的时效性非常强,是宏观实时分析的重要数据来源,信息主要来自中国人民银行网站中的公开市场业务栏,网址如下:http://www.pbc.gov.cn/huobizhengce/huobizhengcegongju/gongkaishichangcaozuo/。

(2) 同业拆借市场利率等信息一般可以在各个同业拆借市场获得,但及时的数据需要成为同业拆借市场的交易者,作为分析师,信息稍稍滞后,但并不影响分析。譬如上海银行间同业拆放利率可以登陆 http://www.shibor.org/shibor/web/html/index.html 获得。如果要获得时效性稍后的信息(时效性是隔一天),各大财经门户网站也可以间接获得,譬如可以在凤凰财经的宏观数据中找到:http://app.finance.ifeng.com/bank/ibor_list.php?market=5(上海银行同业拆借)、http://app.finance.ifeng.com/bank/ibor_list.php?market=1(香港银行同业拆借)、http://app.finance.ifeng.com/bank/ibor_list.php?market=2(伦敦银行同业拆借)、http://app.finance.ifeng.com/bank/ibor_list.php?market=4(新加坡银行同业拆借)、http://app.finance.ifeng.com/bank/ibor_list.php?market=3(中国银行间同业拆借)。

在中国货币网的行情日评(http://app.chinamoney.com.cn/newRmb/marketStat/

index.jsp)中也可以找到上海银行同业拆借市场利率和银行间质押式回购的利率和成交金额,这个网站还有统计数据。

(3) 人民币汇率、美元指数、国际黄金期货、国际原油期货、恒指指数、道琼斯指数,这些及时数据都可以通过相关的投资交易网络获得,大多数收费的交易系统中都有这些实时的数据,但作为公开信息,我们也可以在各个财经门户网站上获得,譬如新浪财经网中的行情中心栏目(http://finance.sina.com.cn/)中可以找到大多数的近期的最新数据,有少部分数据少有延迟,但一般不影响分析。

(4) 与国债发行有关的即时数据,都可以在国家财政部国库司的国债管理(http://gks.mof.gov.cn/redianzhuanti/guozaiguanli/)中找到,但这个数据虽然是实时的,不过并非实时交易,所以,延后的数据没有影响,国债二级市场的交易数据则需要到交易所网站获得,譬如上海证券交易所(http://www.sse.com.cn/market/bonddata/overview/all/)、深圳证券交易所(http://www.szse.cn/main/marketdata/jypz/zqlb/)。当然,也可以在中证指数有限公司中的指数最新行情(http://www.csindex.com.cn/sseportal/csiportal/zs/zshq.do)中找到中证全债指数、中证基金指数的实时数据。

(5) 每日证券交易的融资融券的数据可以从上海证券交易所(http://www.sse.com.cn/sseportal/webapp/rzrq/sumdatainfo)和深圳证券交易所(http://www.szse.cn/main/disclosure/rzrqxx/rzrqjy/)获得。股指期货的数据则可以在中金所(http://www.cffex.com.cn/)的主页中找到。

(6) 上市公司的定期和不定期的报告主要通过三个途径获得:该上市公司的网站,或者该公司的董事会秘书处或投资代表处现场获得;该上市公司在指定媒体(譬如《中国证券报》《上海证券报》《证券时报》等媒体)上公布的公告;在上海证券交易所、深圳证券交易所等交易所网站上公布的公告。

譬如在上海证券交易所上市的上市公司的公告,可以通过上海证券交易所网站首页顶部的"披露"栏中点击"上市公司信息"的最新公告看到每天最新的公告,一般当天收盘后,会逐步公布第二天上市公司的公告。如果要看某具体上市公司的公告,则可以在点击出最新公告页面后,输入上市公司的代码或简称。在交易所网站也可以查询过往的上市公司定期和非定期报告。

(7) 大宗交易是中国特有的证券二级市场交易方式,其交易价格与正常挂盘价格通常是有差异的,但这个价格有可能影响二级市场挂牌价格的走势。由于每次交易数量集中,对市场盘面不产生直接影响,所以特别受到大股东的欢迎,而大股东买卖股票又是非常敏感的市场信息,所以及时获得大宗交易的相关信息非常重要。可以通过上海和深圳证券交易所网站获得。

上海证券交易所:http://www.sse.com.cn/disclosure/diclosure/block/deal/
深圳证券交易所:http://www.szse.cn/main/disclosure/news/dzjy/
当然交易所网站还有转融通、港股通、深港通、基金、可转债等的统计数据。

(8) 期货交易的每日数据,可以在对应的期货交易所网站获得。譬如上海期货交易所(http://www.shfe.com.cn/)有铜、铝、锌、铅、镍、锡、黄金、白银、螺纹钢、线材、热轧卷板、天然橡胶、燃料油、石油沥青等商品期货的每日交易信息；郑州商品交易所（http：//www.czce.com.cn/portal/index.htm）则有普通小麦、优质强筋小麦、早籼稻、晚籼稻、粳稻、棉花、油菜籽、菜籽油、菜籽粕、白糖、动力煤、甲醇、精对苯二甲酸（PTA）、玻璃、硅铁和锰硅等商品期货的每日交易信息；大连商品交易所（http：//www.dce.com.cn/）则有玉米、玉米淀粉、黄大豆1号、黄大豆2号、豆粕、豆油、棕榈油、纤维板、胶合板、鸡蛋、聚乙烯、聚氯乙烯、聚丙烯、焦炭、焦煤、铁矿石等商品期货的每日交易数据，未来可能开通豆粕期权的交易；中国金融期货交易所（http：//www.cffex.com.cn/）则有沪深300、上证50和中证500的指数期货的每日交易数据，以及5年和10年国债期货每日交易数据。

（9）各类投资工具（股票、债券、基金、外汇等）的交易价格数据，可以通过相应的交易网站或通过联网的相关交易软件获得。譬如股票交易价格可以通过联网的交易软件及时获得，基金的每日净值可以通过中国基金网（http：//www.chinafund.cn/）等网站获得，外汇牌价可以通过各家银行的官网获得等。

2. 按周、按月公布的数据源

（1）新增投资者数量，交易所A股、B股的账户开户数据等，可以从中国证券登记结算有限责任公司的网站获得周统计数据，一般是每周三公布上周的统计数据，该网站也可以获得每月、每年的证券市场运行相关统计数据，是在该公司网站（http：//www.chinaclear.cn/）首页，选择"资讯中心"的市场数据获得。

（2）国家统计局每月固定时间（具体时间国家统计局网站会提前公布，一般是每年一次性公布全年的各类统计数据的具体公布时间）的上午9点到10点之间会召开新闻发布会，向社会公布上月的月度宏观经济数据、上季度的季度统计数据和上年的年度统计数据，这些数据也可以在统计局网站的"统计数据"中找到（http：//www.stats.gov.cn/tjsj/）。

（3）中国贸易和进出口商品的相关月度数据（譬如全国进出口贸易总值、进出口贸易方式总值、主要国别和地区的进出口总值、重点商品的进出口总值等数据）可以在中国海关总署网站的"统计快讯"中找到（http：//www.customs.gov.cn/publish/portal0/）。

（4）中国每月的财政收支情况统计表，可以在中国财政部的"统计数据"栏目中找到：http：//gks.mof.gov.cn/zhengfuxinxi/tongjishuju/，该页面还有季度的"中央政府月度收支及融资数据和季度债务余额情况"统计数据可供查询，以及年度的财政收支统计数据。

（5）中国的月度社会融资规模增量和存量统计数据、月度的金融市场运行情况数据、季度的小额贷款公司统计数据、季度的金融机构贷款投向数据，年度的金融市场运行情况、金融统计数据报告、小额贷款公司统计数据、地区社会融资规模增量统计数据等，都可以在中国人民银行网站的"新闻发布"栏目中找到：http：//www.pbc.gov.cn/。

（6）全国利用外资情况统计数据、全国各地进出口情况统计数据、国外经济合作统计、国别（地区）贸易统计数据等，可以在中华人民共和国商务部网站的"统计数据"中找到：http：//www.mofcom.gov.cn/article/tongjiziliao/。注意目前商务部网站首页你看不到"统计数据"栏目，你需要点击"信息公开"栏目下的"更多"，才能找到。

(7)其他信息寻找。很多财经门户网站都有相关的经济统计数据提供,譬如凤凰财经网(http://app.finance.ifeng.com)、和讯网(http://mac.hexun.com/)、新浪财经(http://finance.sina.com.cn/)等都有宏观数据可以查找;上海(http://www.sse.com.cn)、深圳(http://www.szse.cn/)两个证券交易所都有各种证券市场的市场统计数据可以查找;上海(http://www.shfe.com.cn/)、郑州(http://www.czce.com.cn/portal/index.htm)、大连(http://www.dce.com.cn/)商品交易所有商品期货的市场统计数据;中国金融期货交易所(http://www.cffex.com.cn/)有金融期货的市场统计数据。

主要行业的统计数据则可以到行业管理部门的网站上获得相关的信息,譬如中国电力企业联合会(http://tj.cec.org.cn/)有全国发电量的统计数据,中国铁路总公司有中国国家铁路主要指标完成情况统计数据,等等。

(二)了解证券投资分析相关报道和资料信息来源取得的环境

在证券投资分析中,除了要用到上述各种统计数据外,各种分析报告、报道、相关资料、信息等都是分析需要利用到的,这些信息来源五花八门,但国内常见的来源主要如下:

(1)纸质媒体。中国证监会指定上市公司信息披露媒体:《中国证券报》《上海证券报》《证券时报》《证券市场周刊》;专业经济报道和专业分析媒体:《经济观察报》《经济参考报》《大众证券报》《21世纪经济报道》《第一财经日报》《财经时报》《中国经营报》《投资者报》《经济日报》和《国际金融报》等。

(2)网络媒体。

东方财富网:http://www.eastmoney.com/
FT中文网:http://www.ftchinese.com/
和讯网:http://www.hexun.com/
证券之星:http://www.stockstar.com/
新三板在线:http://www.chinaipo.com/
迈博汇金:http://www.microbell.com/
中研网:http://www.chinairn.com/
财新网:http://www.caixin.com/
21财经搜索:http://www.21so.com/
中国财经信息网:http://www.cfi.cn/
财经网:http://www.caijing.com.cn/
全景网:http://www.p5w.net/
金融界:http://www.jrj.com.cn/
新华网:http://www.xinhuanet.com/
新华每日电讯:http://mrdx.xinhuanet.com/
人民网:http://people.com.cn/
同花顺:http://www.10jqka.com.cn/

央视网：http://www.cctv.com/
中国网：http://www.china.com.cn/
国际在线：http://www.cri.cn/
中国经济网：http://www.ce.cn/
中国证券网：http://www.cnstock.com/
中证网：http://www.cs.com.cn/
陆家嘴金融网：http://www.ljzfin.com/
华尔街见闻：http://wallstreetcn.com/
新浪财经：http://finance.sina.com.cn/
搜狐财经：http://business.sohu.com/
腾讯财经：http://finance.qq.com/
网易财经：http://money.163.com/
凤凰财经：http://finance.ifeng.com/

(3) 国外热门财经数据网。

彭博社：www.bloomberg.com
路透社：http://www.reuters.com/

(4) 自媒体。2017年胡润发布了中国最具影响力财经自媒体50强，虽然笔者不以为然，但作为参考列出如下（表1-1）：

表1-1 胡润中国最具影响力财经自媒体50强(2017年)

序号	名称	地区
前10	跑赢大盘的王者	沈阳
前10	黄生看金融	深圳
前10	功夫财经	北京
前10	凤凰财经	北京
前10	光远看经济	北京
前10	钱眼	南京
前10	财经早餐	上海
前10	沙黾农	上海
前10	吴晓波频道	杭州
前10	占豪	武汉
前30	21财闻汇	广州
前30	36氪	北京
前30	ipo观察	深圳
前30	P2P观察	深圳
前30	财经内参	北京

续表1-1

序号	名称	地区
前30	格上理财	北京
前30	华尔街见闻	上海
前30	金融八卦女	北京
前30	金融行业网	上海
前30	金融家	深圳
前30	每日经济新闻	成都
前30	秦朔朋友圈	上海
前30	水皮	北京
前30	腾讯证券	深圳
前30	天天说钱	深圳
前30	叶檀财经	上海
前30	越女事务所	北京
前30	正和岛	北京
前30	正商参阅	深圳
前30	中金在线	福建
前50	CEO智库	深圳
前50	MBA智库	厦门
前50	P2P评论	北京
前50	VC/PE/MA金融圈	上海
前50	布谷Time	北京
前50	财经国家周刊	北京
前50	财务第一教室	北京
前50	菜鸟理财	深圳
前50	第一财经谈股论金	上海
前50	富爸爸穷爸爸	上海
前50	互联网金融新闻中心	北京
前50	简七理财	大理
前50	金融五道口	北京
前50	经济观察报	北京
前50	蓝鲸财经记者工作平台	上海
前50	理财知识	东莞
前50	漫步金融街	深圳
前50	投资家	北京
前50	我的理财师	上海
前50	智谷趋势	广州

(三)学会证券投资分析软件的下载和安装

国内股票投资的分析和交易软件主要有:

钱龙免费炒股软件:钱龙免费炒股软件也是国内老牌的股票软件,在一些老股民群体中享有很高声誉,曾经作为国内股票证券行业软件的老大,虽然已没有往日的辉煌,但它的实力却依然强大,旗舰全新的"画面导向"操作风格,使用起来更加方便、简单、快捷。强大的自编公式,相对适合中级选手,同时对于新手难免手足无措!

大智慧软件:大智慧软件是业内最早的免费软件,用户群体较为广泛,界面布局采用传统置顶,但是结构有些混乱,操作不太方便,相对于同样是行情软件的同花顺,也少了即时通信功能。在技术分析方面,在涵盖主流的分析功能和选股功能的基础上不断创新,星空图、散户线、龙虎看盘等高级分析功能包含大智慧的绝密分析技术,在证券市场独树一帜。

通达信软件:通达信软件是多功能的证券信息平台,与其他行情软件相比,有简洁的界面和行情更新速度较快等优点。通达信允许用户自由划分屏幕,并规定每一块对应哪个内容。至于快捷键,也是通达信的特色之一。通达信还有一个有用的功能,就是"在线人气"。

同花顺软件:同花顺软件是全面的行情数据分析软件,A股、股指期货全都能看到;界面布局合理,常用工具采用了隐藏式菜单,看起来干净,使用方便;如果想进一步获取精品资讯服务,软件使用指导、资金流向,都需要输入手机号码才能获取。同花顺免费版提供了沪深两市、港股美股等外盘及股指期货行情,属于比较全面的行情分析软件。

好股道软件:好股道软件是国内首个集"开放式研究"与"互动式决策"两大创新机制于一身的新一代投资服务终端。好股道以广州万隆独有的中国特色行为分析体系为指导,致力于帮助中小投资者建立个人专属的投资体系,培育其独立研究及决策的能力。

弘历软件:弘历股票软件的设计思想紧紧抓住选股和选时两个方面,为了更适合普通投资者操作,弘历在软件设计上也力求操作简单、方便、实用。考虑到投资者水平的差异,设计也是由简单到复杂,以满足不同层次投资者的需要。弘历软件主要功能体现在以下七个方面:行情信息浏览,图形分析,信息观股,财务选股,黑马过滤器,八大天王特色指标,弘历信号集、通道集。

指南针软件:指南针软件是多款收费交易分析软件,其中全赢博弈智能操盘系统提供信息面、基本面、技术面、资金面的相关分析信息。

盛世赢家软件:盛世赢家软件是收费分析交易软件,除具备主流的分析功能和选股功能之外,又创新出八大天王、趋势阶梯、动力金叉、主力能量线等较为高级的分析技术。软件中整合的功能涵盖面较广,又较为准确深刻。软件各个指标信号颜色明确,比如动力金叉、趋势阶梯信号等。

(四)熟悉证券投资分析软件的主要功能与功能键

(1)学习看大盘指数的方法:学习用键盘上的 F3、F4 键看上证指数和深成指的 K

线图和当日行情的方法;学习用 Up 和 Down 键翻看其他指数的方法。

(2) 学习看个股 K 线图和每日行情的方法:学会用股票代码和股票拼音的缩写敲出个股的 K 线图和当日行情的方法;学会 K 线图和分时走势图的 F5 切换。

(3) 学习切换 K 线图周期的方法和 K 线图坐标时间窗口的方法:学会用 F8 键切换日 K 线→周 K 线→月 K 线→各分时 K 线;学会使用键盘上的←、→、↑、↓键切换 K 线图的时间窗口长短周期和区间周期。

(4) 学习看个股基本面信息的方法:学会 F10 键的使用,并结合使用 Up/Down 键和←、→、↑、↓键查看证券投资分析软件上选定个股的基本面信息。

(5) 学习设置自选股的方法:学会对着拟选为自选股的股票点击鼠标右键,并在弹出的菜单中点加入自选股的方法。

(6) 学习看涨跌幅排行榜的方法:学会使用 61、63 看上海和深圳两个市场 A 股的涨跌幅排行榜,并结合学习使用 Up/Down 键翻页察看。

(7) 逐一学会和练习证券投资分析软件上方所有菜单各种链接功能的使用。

(8) 举一反三,按 61、62、63、64、65、66、67、68、69、81、82、83、84、85、86、500 并按回车键,分别看到什么画面。

证券投资分析软件上有很多功能键是可以相互替代的,譬如 F3 功能键可以一键看沪市大盘指数,但也可以采用先后单击 0、3、回车键来完成以上功能,为什么要去简用繁?这是因为使用功能键需要眼睛看着键盘操作,而 0、3、回车三键都可以通过小数字键盘盲打完成,有利于操作看盘。

(五) 了解专业分析师的分析硬件环境

专业的投资分析师,需要眼观六路耳听八方,一台电脑显示器是不能够胜任的,所以通常专业分析师看盘时,都会同时观察多个显示器的信息,以便及时做出正确的分析和判断,指导投资操作实践。

下面是一个专业分析师的工作台的情形(图 1-1):

图 1-1 某专业分析师的工作台

现在高校的教学为了适应这种多显示器同时观察的要求,有条件的学校都采用了双显示器和三显示器的硬件环境,西方发达国家的金融专业学生,一般都一方面需要看交易行情,一方面看彭博社的金融财经信息,所以多数都是双显示器的工作学习环境(如图 1-2)。

图 1-2　彭博社的金融数据端口

【实验步骤】

1. 浏览相关证券投资分析的数据、资料、信息、分析网站;
2. 在网络环境下,学会证券投资分析交易软件的下载;
3. 练习并熟练掌握证券投资分析软件的基本功能的使用。

【实验报告】

实验科目	证券投资实验环境		
实验时间		实验地点	
实验要点: 1. 进入相关统计数据网、相关投资分析资料信息源网等,浏览相关信息; 2. 进入证券模拟交易系统,熟悉相关功能; 3. 了解股票、债券(含国债、企业债、可转债、债券回购)、基金等证券交易品种。			

续表

实验内容记录：
　　本实验内容记录要求根据实验课学习和练习的内容，完成以下内容：1. 各类数据和信息网站对投资分析的主要作用；2. 记录证券投资软件下载的基本步骤；3. 总结你学会和练习的证券投资分析软件的基本使用方法和技巧。

续表

分析和讨论：

实验中遇到的问题和收获：

续表

实验完成情况：

指导教师签名：
日　期：　　年　　月　　日

实验二　证券投资宏观基本面分析

【实验目的】

证券投资宏观基本面分析主要是为三类投资岗位服务：策略投资分析师岗位、股票（或债券等）分析师岗位、投资分析咨询岗位。

在投资分析岗位设置中，策略分析师当然是一个重要的岗位，而且策略分析师的核心分析技术就是宏观分析技术；股票分析师岗位是承上启下的重要岗位，他们直接决定着证券的投资选项，具有操作层面的重要价值，宏观基本面分析自然是重要内容之一；投资分析咨询岗位则是岗位数量最多的服务基础投资者的重要岗位，宏观基本面分析也是重要组成内容。

金融学专业的学生未来如果从事证券投资分析角色，则无论是自己进行宏观基本面分析，还是根据别人的宏观分析报告做出必要的宏观判断，都需要有正确有效的宏观分析技术和方法。

但现有的金融学专业课程体系很难满足各类证券投资分析角色要求的宏观面分析要求，未来的课堂设计估计也难以实现。这主要是因为宏观基本面分析所涉及的内容是现有学科体系不能体现的，缺乏一个有效的思维训练。作为大学生，先从基础训练做起，逐步提高宏观分析思维能力是本实验的主要目的。

本实验要改变"宏观经济学"、"中央银行学"等课程给学生留下的"思维误区"：以为只要学好了（西方）经济学理论，就能做好策略（投资）分析师，或者能够正确判断宏观基本面分析报告的内容。

本实验主要试图提供给学生们做好宏观分析的基本思考路径。

【实验原理】

宏观分析即使是宏观经济分析，也不是只以"宏观经济学"理论作为指导，这是因为任何理论的起源都是和当时的时间和地点相联系的，脱离了这个具体的时间和地点，任何理论的直接运用，都可能是教条主义和本本主义了。证券投资分析中的宏观分析也是如此。

原理之一：现有经济理论与金融理论不是一个系统的理论。

现代宏观经济理论是建立在"消费＋投资＋进出口"为体系的基础之上的，换言之，是建立在商品基础之上的！无论是微观经济学的厂商理论，还是宏观经济学的货币理论,金融的目的都是为了刺激消费、投资和进出口,是金融"服务",以商品经济为核心,金融是辅助。

现代宏观金融理论是建立在货币流动基础之上的,换言之,是建立在资金、资本交易基础之上的。看起来货币流动的目的是为商品生产贸易服务的,但实际上是要通过流动,获得货币被合理利用的经济学效果。

原理之二:宏观形势和调控预期是宏观分析的主要关切。

宏观分析的主要关注点是对过往形势的事后分析,其中宏观经济形势当然是最重要的一个方面,对过去统计数据的分析和整理就是宏观分析的一个重要手段,但宏观分析的落脚点实际是要预期未来的宏观调控可能和政策取向,这就需要正确的思维模式,因此说,宏观形势和调控预期是方法和思维模式的结合。

现代经济体系中,宏观调控起了非常重要的作用,而调控的起源都是基于对过去和当下宏观形势的判断,换句话说,除了你的正确分析判断之外,还需要考虑决策层的分析和判断基点。

原理之三:宏观分析的目的是投资方向的选择。

证券投资的宏观分析自然是为了投资目的,但宏观分析的具体目的应该是投资方向的选择,这属于较大的运用领域。

投资方向的正确选择最有利于大资金投资(基金等),有利于中长线投资,因此,凡是大资金的投资行为,或者准备进行中长期投资的证券投资行为,都应该进行证券投资的宏观分析。

原理之四:正确有效宏观分析的基础是思维方式。

对宏观分析的最重要训练是思维方式的训练。虽然分析数据来源和数据客观有效性是分析的前提,分析方法和正确的选择是分析结论有效的基础,但分析的思路决定了分析结果的有效性。

在宏观分析中,需要从投资的思路进行分析,所有的宏观分析结果都是为投资服务的,因此,只有建立起宏观因素与资本市场价格走势关系的分析,才是有效的宏观分析。

【实验内容】

(一)验证经济学理论的有效性

本次实验要从宏观层面出发,分析和把握证券投资的内在价值和未来变化方向,即掌握如何从宏观政治、经济背景来分析证券市场的发展趋势。那么我们学习的经济学理论能否直接运用呢?运用的结果会是怎样的呢?

我们先来看看经济学的宏观分析思维框架。

这里借用魏杰先生在给清华MBA09S1班讲课的思路来简单归纳一下目前经济学的分析思路。

他总结说,分析宏观经济首先要关注三个指标:

(1) 价格

这里讲的价格不是指某个产品的具体价格,而是指价格总水平,主要包括三个方面的价格。

① 消费品价格

国际上将消费品价格称之为 CPI,包括食品价格、服装价格、家电价格等,一般来说,消费品价格上涨过快时,就会出现通货膨胀;而消费品价格下跌过快时,就会出现通货紧缩。就中国现在来讲,我们国家消费品价格的指数取值范围是 3%~5%,超过 5% 会出现通货膨胀;低于 3% 会出现通货紧缩。

② 投资品价格

国际上称之为 PPI,我们也称生产资料价格,工业产品出厂价格,包括钢材价格、水泥价格等。一般来说,投资品价格上涨过快就会出现经济过热,而投资品价格下跌过快,就会出现经济过冷。我国目前 PPI 指数取值范围是 4%~6%,超过 6% 就会出现经济过热;低于 4% 会出现经济过冷。

③ 资产价格

资产价格在我国主要是指股价和房价。资产价格升幅过快,会出现经济泡沫,而资产价格跌幅过快,就会出现资产缩水,导致信用体系破裂。目前中国没有对资产价格的取值范围达成一致。现在理论界有人认为资产价格就股价来说,应以 2006 年为基数,上海股市为蓝本,每年上涨 1 000 点左右,自 2009 年之后的未来 5 年内达到 1 万点以上为正常;资产价格就房价来说,应以 2006 年为基数,每年上涨幅度 5%~10%,15~20 年翻一番为正常。(编者注:这个地方的两个资产价格的取值范围显然有很随意的性质,看看后来的走势便知)

(2) 增长

增长以国内生产总值即 GDP 的增长率为衡量指标。现在认为,我国 GDP 合理取值范围应是"八、九不离十",即年增长率为 8%~10%。从我国现在的实践来看,若 GDP 增长超过 10%,资源供给(包括能源、原材料、基础设施等)就跟不上,就会出现煤、电、油、气等资源的价格上涨和企业经营上的困难,从而制约经济发展,因而最好不要超过 8%。但 GDP 的增长也不能太低,GDP 增长低于 8%,会造成过高的失业率,难以完成每年解决 1 000 万新增就业人口的任务。我国在 2030 年要基本实现工业化和城市化,而要完成这一任务,就必须每年解决 1 000 万的新增就业人口的任务。当然,失业率过高也会影响社会稳定。

(3) 就业

就业状况以失业率为衡量指标。我国目前失业率的合理取值范围是 3%~5%。失业率高于 5% 就会影响社会稳定;失业率低于 3% 就会出现劳动力供给不足,影响企业经营。

总之,对宏观经济的分析,首先就是要分析上述三个指标,即:价格、增长、就业指标的变化趋势,并进而分析影响三大指标的因素,采取措施使之保持在合理的取值区间,以保持国民经济良好的发展。不过,影响价格、增长、就业这三大指标的因素到底是什么呢?

接着他分析了影响三大指标的主要因素:

在市场经济条件下,影响上述三大指标的主要因素是供求关系的变化,就整个社会来讲,也就是社会总需求与社会总供给的相互关系的变化。因此,我们需要具体分析总需求与总供给,以及它们之间的相互关系。

(1) 总需求

简单地讲,总需求就是指有货币支付能力的需求,是一定时期内一个国家有货币支付能力的社会购买力的总和。要注意需求与需要的区别,前者是指购买能力,后者则是指购买欲望,因而它们的差别就是购买能力和购买欲望的差别。总需求由三部分构成:

① 消费需求。消费需求按照不同影响因素,可以分为三种形式的消费:收入性消费,即由收入决定的消费品;信贷性消费,即借钱消费;预期性消费,即受预期影响的消费。

② 投资需求。投资需求包括三种形式的投资:民生投资,即公共产品投资,主体是政府,包括医疗卫生、文化教育、社会保障、基础设施的投资;生产性投资,即向各个产业的投资,其主体是企业,充分受市场经济的调节;资产投资,即对资产市场与房地产市场的投资,其主体是公众。

③ 出口。出口是指将国际市场需求转变成为国内总需求。

上述的消费需求与投资需求,被称之为内需,而出口则被称之为外需。消费、投资、出口的不同组合比例,会使一个国家形成不同的增长模式。一般来说,出口所占的比例不能太大,如果出口对GDP的贡献超过20%,就会形成出口导向型经济增长模式;如果出口对GDP的贡献保持在20%左右,投资与消费对GDP的贡献保持在75%以上,就是内需拉动型经济增长模式;如果投资对GDP的贡献过大,例如投资对GDP的贡献超过30%,就是投资拉动型经济增长模式;如果消费对GDP的贡献若保持在60%以上,那么这种经济增长模式就是消费主导型经济增长模式。出口导向型经济增长模式与投资拉动型经济增长模式都不行。例如,我国从1998年到2008年的十年间使出口所占比例逐年增加,出口对GDP贡献达到40%左右,成为标准的出口导向型经济,在这种条件下,由于我国经济增长已过份依赖外需市场,因而2008年金融风暴的发生,导致外需市场大幅减少,从而导致我国经济增长的必然下滑。近三十年来以出口导向型经济为主的国家每十年出现一次大的问题,如1987年的日本经济,1998年的亚洲金融风暴和2008年我国的经济问题。2007年由于价格的暴涨,"我们要被胀死了",2008年价格的暴跌,"我们又要被憋死了"。

(2) 总供给

可以简单地称为一定时期现实生产能力的总和。总供给包括消费品供给、投资品供给、进口(相当于利用国际市场供给而增加国内市场的供给)

(3) 总需求与总供给的关系

总需求与总供给有三种关系,即总需求膨胀、总需求不足、总量平衡,如下:

总需求>总供给:总需求膨胀→价格暴涨、通货膨胀、经济过热、经济泡沫、失业率太低；

总需求＜总供给：总需求不足→价格下跌、通货紧缩、经济过冷、资产缩水、失业率过高；

总需求＝总供给(±5％)：总量平衡→国民经济运行稳定。

只有实现总量平衡时,价格、增长、就业三项指标才会在合理范围内波动,目前我国处在总需求严重不足的状态,因而价格过速下跌、经济增长速度过速下滑、通货紧缩和经济过冷的压力太大。一般来说,现实中总需求与总供给的自然平衡状态很少,所以我们只有在宏观调整中才能使其达到动态平衡。这样就提出了一个重要课题,到底是什么在影响着总需求与总供给二者之间的关系,我们只有找到影响二者关系的因素,才能通过对这些因素的影响而达到对供求关系的有效调控,这也是经济学的一个核心问题。

影响供求关系有两类因素：一种是企业及居民的投资与消费行为,也就是人们所说的微观因素,研究这些因素的影响,就是后来形成的微观经济学；另一种是货币及财政等因素,也就是人们所说的宏观因素,研究这些因素的影响,后来发展成为宏观经济学。我们这里主要分析影响供求关系的宏观因素。

最后,他谈了影响总需求与总供给的宏观因素,他认为主要有以下三大宏观因素：

(1) 货币因素

货币因素是影响总需求与总供给关系的重要宏观因素。一般来讲,货币供应量上升,会刺激社会总需求的增长,货币供总量下降,会减少社会总需求。

分析货币因素,当然首先要涉及中央银行,因为中央银行是货币发行的银行。中央银行发行货币的主要渠道有再贷款和外汇占款两个渠道。我国的中央银行是中国人民银行。(注：再贷款指中央银行给商业银行贷款；外汇占款指为了收购流入中国的外汇而发行人民币)

再贷款和外汇占款发行的货币叫基础货币,一般统计口径显示,外汇占款占基础货币的份额在20％左右为合理范围,而2006年我国央行公报显示,我国当年再货款为3.2万亿,外汇占款为2.9万亿,显然外汇占款项目发行的货币太多。外汇占款实质上不是国内市场对货币的需求,这个项目下发行货币是被动行为,因而如果所占比例太大,就会引起投入市场的非需求性货币增加,这些增加的货币不是真正意义上的货币需求,所以会引起国内市场价格上涨,尤其是资产价格上涨,2007年市场表现就是如此,物价飞涨。

中央银行发出的基础货币要经过商业银行的经营,商业银行是经营货币的银行,有别于经营股票与债券的投资银行。经过商业银行的经营,货币将由现金转变分为现金、活期存款、定期存款这三种形态,用符号表示就是：

M0—现金

M1—现金＋活期存款

M2—现金＋活期存款＋定期存款(M2即货币供应量)

货币供应量直接与总需求相关联,进而与总供给与总需求的关系相关联,央行可以通过对货币供应量的变动而影响供求关系。

央行调整货币供应量的方式就是货币政策。

货币政策分为扩张性货币政策(有意增加货币供应量的政策)、紧缩性货币政策(有意减少货币供应量的政策)和稳定性货币政策(保持货币供应量不变的政策)三种。央行实行货币政策方式就是货币政策工具。

货币政策工具是中央银行为实现其货币政策而采取的调控手段。完全市场经济国家的货币政策工具有存款准备金率、再贷款利率、公开市场业务和窗口指导四种。我国在目前未完成市场经济改革情况下还有控制商业银行利率和控制信贷规模这两种工具。

存款准备金率：商业银行上缴给中央银行的存款准备金与其所吸收的存款总额的比例。存款准备金率越高，银行的放贷能力越低，社会可流动资金越少，会减少社会总需求。当采取从紧的货币政策时，政府一般提高存款准备金率，使投入市场的货币供应量减少；当采取扩张型货币政策时，降低存款准备金率，使投入市场的货币供应量增加。

再贷款利率(央行利率)：中央银行给商业银行贷款的利率。再贷款利率越低，商业银行从中央银行贷款的成本就越小，利率差越大，商业银行利润空间越大，因而会刺激商业银行从中央银行贷款的欲望，从而会提高社会货币供应总量，刺激社会总需求的增加。不过，在目前我国商业银行均为国有银行的情况下，再贷款利率的变化对货币供应量的调节作用不明显。

公开市场业务：中央银行通过买卖有价证券而调控货币供应量。在紧缩性货币政策情况下，中央银行会发行央行商业票据，减少可流动资金。在扩张性货币政策情况下，中央银行会回购央行票据，增加可流动资金。

窗口指导：即中央银行以通气会方式向各商业银行提要求，促使商业银行统一贯彻执行相关要求，因而我国政府实施货币政策的工具还有以下两种方法：

控制商业银行利率：国家制定商业银行的存贷款利率。(即国家制定加息、减息政策。央行规定民间资本借贷利率最多为国有商业银行利率的 20 倍)。

控制信贷规模：央行下达各商业银行年度信贷总体水平，以限制贷款规模，减少货币供应总量。

近期央行的货币政策经常使用如下工具：

中期借贷便利(Medium-term Lending Facility，MLF)是中央银行提供中期基础货币的货币政策工具，对象为符合宏观审慎管理要求的商业银行、政策性银行，采取质押方式发放，并需提供国债、央行票据、政策性金融债、高等级信用债等优质债券作为合格质押品。

常设借贷便利(Standing Lending Facility, SLF)是央行在 2013 年创设的流动性调节工具，主要功能是满足金融机构期限较短的大额流动性需求。对象主要为政策性银行和全国性商业银行。期限为 1～3 个月。利率水平根据货币政策调控、引导市场利率的需要等综合确定。常备借贷便利以抵押方式发放，合格抵押品包括高信用评级的债券类资产及优质信贷资产等。

临时流动性便利(Temporary Liquidity Facilities, TLF)是临时流动性支持，操作期限 28 天，资金成本与同期限公开市场操作利率大致相同。这一操作可通过市场机制更有效地实现流动性的传导。与降准的区别在于，银行需要付息，资金成本不超过 28 天其逆回购利率为2.55%;与降准的相同之处在于,银行都不需要质押债券。

(2) 财政因素

财政因素影响供求关系数量包含财政收入和财政支出两个方面。

实行不同的财政收支政策会对社会总需求和社会总供给产生不同的影响。一般来讲,通过减税,也就是减少财政收入的方式,会使财富保留在社会上,从而会增加社会总需求;通过加税,也就是增加财政收入,会减少社会总需求。通过增加财政支出,也就是加大政府购买,会促进社会总需求增长;通过减少财政支出,也就是降低政府购买,会使社会总需求收缩。

国家调控财政收入与财政支出的方式就是财政政策。财政政策是国家调整财政收入支出的意向和意图,财政政策由财政部实施。

财政政策有三种:扩张性财政政策的主要做法是减税和政府借债,就是减少财政收入,增加财政支出,促进需求;紧缩性财政政策的主要做法是扩大税收和减少政府投资,就是加大财政收入,减少财政支出,收缩需求;稳定性财政政策的主要做法是不改变现有的财政收支的数量,就是既不增加财政收入,也不减少财政收入,稳定住需求。

实施财政政策的基本方式是财政政策工具,即实现财政政策意图的方式和方法。财政政策的工具主要有三种:一是税收工具;二是国家预算,即国家决定财政收入支出的安排;三是国家债务。财政政策工具的使用须经最高立法机构确认。

中国目前财政负债水平为20%,美国为340%,日本为160%。欧盟制定的财政负债水平安全线为不超过GDP的60%,目前我国财政政策在债务工具上还具有很大的余地。

(3) 国际因素

在市场经济条件下,一国供求关系要受到其他经济体的影响,因而国际因素是影响供求关系的重要宏观因素。国际因素主要是指国际收支,也就是外汇收入与外汇支出的相互关系。国际收支包括贸易项目和资本项目的国际收支。

贸易项目就是产品的进出口。当进口大于出口时,被称为贸易逆差;当进口小于出口时,被称为贸易顺差;当进口约等于出口时,被称为贸易平衡。

资本项目就是资本的流进流出。当资本流出大于资本流入时,被称为资本逆差;当资本流出小于资本流入时,被称为资本顺差;当资本流出约等于资本流入时,被称为资本平衡。

贸易顺差和资本顺差会使外汇收入大于支出,使央行的外汇占款增加,导致货币发行总量增加,从而会促进社会总需求的过快增加。而贸易逆差和资本逆差则会出现外汇收入小于支出,减少货币发行总量,增加国家外债,从而会使社会总需求收缩。中国现在是贸易顺差、资本顺差的"双顺差"国家。2007年总需求膨胀是外部输入引发的,是我国出口导向型经济决定的。

调整国际收支的方式是国际政策。国际政策是国家调整国际收支关系的意向,包括贸易政策和资本政策。国际政策由商务部实施。国际政策工具是为实现国际政策而采取的手段,包括贸易政策工具和资本政策工具。

总结:分析宏观经济的切入点是对宏观经济的三大指标进行分析,影响三大指标的主要因素是社会总需求和社会总供给的供求关系变化。为了保证三大指标处于合理的取值范围而促进国民经济健康平稳发展,就需要采取措施不断调整供求关系;影响供求关系的宏观因素有货币因素、财政因素、国际因素,因而要调整这三大宏观因素,就要建立以央行调整货币政策、财政部调整财政政策、商务部调整国际政策的宏观经济基本框架。

根据以上魏杰先生的归纳总结,我们可以简单描述一下这个宏观分析框架就是:要实现稳定价格、经济增长和充分就业的目标,就要调节总供给和总需求的关系,宏观调控总供给和总需求关系的方法主要有三:

货币因素→调节基础货币→调节货币供应量→利用货币政策工具;

财政因素→财政收支调节→调整财政政策→利用财政政策工具;

国际因素→调节国际收支→(贸易项目→调整贸易政策;资本项目→调整资本政策)→调整国际政策。

换言之,利用货币、财政政策工具,调整贸易、资本政策,就能够调整总供给和总需求,从而实现宏观经济价格、增长和就业的目标。

那么,实际上的情况到底是怎样的呢,我们来验证一下:

请收集近五年中国在货币政策、财政政策和贸易、资本政策方面的变动信息,对照同期反映总需求和总供给的数据,以及在价格、增长和就业目标方面的对应关系,对经济分析框架有效性进行验证,并分析说明为什么出现偏差。

(二)验证货币政策传导机制理论的有效性

尽管货币政策传导机制理论在不断发展,各种学派对货币政策的传导机制有不同看法,但归纳起来货币政策影响经济变量主要是通过以下四种途径:

1. 利率传递途径

利率传导理论是最早被提出的货币政策传导理论,但从早期休谟的短期分析、费雪的过渡期理论、魏克赛尔的累积过程理论中所涉及的利率传导理论均未得到关注。直到凯恩斯的《通论》问世及 IS-LM 模型的建立才正式引起学术界对利率传导机制的研究。利率传导机制的基本途径可表示为:

货币供应量 $M\uparrow$ →实际利率水平 $i\downarrow$ →投资 $I\uparrow$ →总产出 $Y\uparrow$。

2. 信用传递途径

威廉斯提出的贷款人信用可能性学说是最早有关货币政策信用传导途径的理论,伯南克则在此理论基础上进一步提出了银行借贷渠道和资产负债渠道两种理论,并得出货币政策传递过程中即使利率没发生变化也会通过信用途径来影响国民经济总量。信用传导机制的基本途径可表示为:

货币供应量 $M\uparrow$ →贷款供给 $L\uparrow$ →投资 $I\uparrow$ →总产出 $Y\uparrow$。

3. 非货币资产价格传递途径

托宾的 Q 理论与莫迪利亚尼的生命周期理论则提出了货币政策的非货币资产价格传递途径。资产价格传导理论强调资产相对价格与真实经济之间的关系,其基本途径可表示为：

货币供应量 $M\uparrow$ →实际利率 $i\downarrow$ →资产(股票)价格 $P\uparrow$ →投资 $I\uparrow$ →总产出 $Y\uparrow$。

4. 汇率传递途径

汇率是开放经济中一个极为敏感的宏观经济变量，因而它也引起了众多学者的研究，而关于货币政策的汇率传导机制的理论主要有购买力平价理论、利率平价理论和蒙代尔—弗莱明模型等。货币政策的汇率传导机制的基本途径可表示为：

货币供应量 $M\uparrow$ →实际利率 $i\downarrow$ →汇率 $E\downarrow$ →净出口 $NX\uparrow$ →总产出 $Y\uparrow$。

根据以上经济学货币政策传导机制理论，请对比近五年，中国在调节货币供应量方面采取的各种货币政策，对比相应的资本市场价格涨跌的实际情况，验证这些货币政策传导机制理论的有效性，并分析说明出现偏差的原因。

（三）学习专业宏观分析报告，去伪存真

大量的宏观分析报告是专业人员通过连续跟踪做出来的，虽然因素很多，但很多报告对于投资的有效性是值得商榷的，作为投资分析师，我们如何才能根据我国金融市场的投资现实，利用好这些专业分析报告，是一项专业基本功。

1. 学习通过专业网站，收集宏观分析报告和专家分析意见的方法，并且学习对信息进行去伪存真的分析方法和对专家意见去伪存精的思路。

2. 学习通过专业网站，收集市场和资金面分析所需信息以及专家分析意见的方法，并且学习对信息进行分析的方法和对专家意见去伪存精的思路。

【实验步骤】

1. 通过实验一的实验环境学到的收集统计数据、宏观分析资料和信息的方法，对宏观政策调整手段与宏观经济目标的实现之间的关系进行分析。

2. 搜集货币政策调控的政策，对比分析货币政策调控政策出台前后，资本市场的表现结果，分析两者之间关系是否存在逻辑性。

3. 利用东方财富网、证券之星、和讯网、全景网、中国统计信息网、中国证监会、各大证券公司网、世华财讯、国研网等网站的专业分析文章，指出分析文章可能存在的错误之处。

4. 2008年11月5日，时任国务院总理温家宝主持召开国务院常务会议，会议决定到2010年年底约增加财政投资4万亿元，进一步扩大内需，促进经济平稳较快增长。经济学认为"扩大内需，促进经济平稳较快增长"体现的是经济学"消费是生产的动力"、"经济发展离不开国家的宏观调控"的原理，请根据以上资料，学习写作宏观大势分析报告（1 000字以内）。

【实验报告】

实验科目	证券投资宏观基本面分析		
实验时间		实验地点	

实验要点:
 1. 进入相关统计数据网、相关投资分析资料信息源网等,寻找与本实验宏观分析相关的数据和信息资料,进行相关的分析;
 2. 进入相关的财经门户网站,收集与本实验相关的宏观专业分析报告或文章,对报告或文章中的分析方法、分析路径和分析结论进行分析;
 3. 对本实验给出的一个案例,试着撰写简短的分析报告。

实验内容记录:
 本实验内容记录要求根据实验课学习和练习的内容,完成以下内容:1. 验证宏观经济理论的过程和结果;2. 验证货币政策传导机制理论的过程和结果;3. 撰写1 000字以内的针对本实验案例的宏观分析报告。(本预留页面不够的,可以加页)

续表

分析和讨论：
实验中遇到的问题和收获：

续表

实验完成情况:

指导教师签名:
日 期: 年 月 日

实验三　证券投资行业板块分析

【实验目的】

大多数投资分析方法中,都会以为行业分析是微观投资分析最主要的两个基本面分析之一(另一个通常被认为是公司分析),或者很多人认为行业分析和区域分析是中观基本面分析。但在实际的分析师角色安排中,行业分析师通常都来自各行各业的专业人才,并非金融学专业人才;这带来金融学专业的定位误区,现有的教学体系都没有给本科生任何行业分析和行业分析定位的训练。

本实验试图改变这个状况,主要通过提供证券投资分析师应该掌握的行业分析思路和实际投资分析中行业板块分析的基本分析路径等几个方面,给学生更多的行业分析思考空间。

本实验将当下理论界流行的基本面中观分析思路进行分解,不但提供微观—中观分析、宏观—中观分析的基本思路,还围绕上述逻辑思路的训练安排了看似类似的另一个实验(实验五：概念分析)来完成传统意义上的行业分析。

【实验原理】

行业分析是证券投资分析的落地分析之一,但作为证券投资分析的行业分析,它不同于行业规划的行业分析,所以,针对性的行业分析才是有效的。

原理之一：行业分析需要分类分析,但行业的类别是由大到小的分类,而我们的投资却是根据某细分行业的上市公司数量来决定分析的类别的,因此,我们不能直接使用国家行业分类类别进行同级别的行业分析,只能根据资本市场的存量公司来进行行业分析,结果可能是完全不同行业类别级别的"细分行业"作为同等重要的分析对象存在。

原理之二：行业分析有着冷热之分,有些行业由于市场很长时间不给予关注,而且可能未来也会继续很长时间不会给予关注,那么这个行业的分析就没有证券投资分析的意义。相反,有些行业处于投资热点状态,对它们的行业分析就需要深入细致,不能挂一漏万。因此,证券投资的行业分析需要根据市场冷热背景进行选择,这个选择本身也是证券投资行业分析的组成部分。

原理之三：行业的周期性特点是行业分析的一个重要方面,这个周期的表现在很大程度上与国家产业政策的导向和转向有关,因此,在行业分析的时候,对国家产业政策的变化需要作为重要的证券投资分析内容来对待。换句话说,除了国内外经济环境对行业的影响外，国家主动的政策调整也是行业分析的重要组成部分。

【实验内容】

（一）了解不同的行业板块

在不同的应用领域，对行业有不同的分类方法。了解与证券市场相关的各种行业分类方法及按适宜的标准进行行业分类，是股票投资过程进行行业分析的基础。

1. 国民经济的行业分类

联合国把国民经济分为10个大类：农林渔牧、采矿及土石采掘业、制造业、水电煤、建筑业、批发零售及饮食旅馆业、运输仓储及邮电通信业、金融保险地产及工商服务业、政府社会及个人服务业、其他。

我国为适应社会主义市场经济的发展，正确反映国民经济内部的结构和发展状况，国家统计局按照产品的统一性对产业进行了分类，于1984年首次发布，1994年对其进行了第一次修订，2002年为第二次修订，2011年为第三次修订。新的《国民经济行业分类》（GB/T 4754—2011）成为我国各领域对行业进行分类的基础。这种新的分类方法将社会经济活动划分为门类、大类、中类和小类四级，其中门类有20个，基本反映出我国目前行业结构状况，分别为：农、林、牧、渔业；采矿业；制造业；电力、热力、燃气及水生产和供应业；建筑业；批发和零售业；交通运输、仓储和邮政业；住宿和餐饮业；信息传输、软件和信息技术服务业；金融业；房地产业；租赁和商务服务业；科学研究和技术服务业；水利、环境和公共设施管理业；居民服务、修理和其他服务业；教育；卫生和社会工作；文化、体育和娱乐业；公共管理、社会保障和社会组织；国际组织（见国家统计局网站：http://www.stats.gov.cn/tjsj/tjbz/hyflbz/）。

以上行业分类在使用国民经济统计数据进行分析时，能够比较方便地获得相关的数据，但在证券投资分析方面则过于宽泛，主次难分。

2. 我国证券市场的行业划分

（1）上证指数分类法

上海证券交易所为编制沪市成分指数，将在上海上市的全部上市公司分为五类：工业、商业、房地产业、公用事业和综合类，并据此分别计算和公布各分类股价指数。

（2）深证指数分类法

深圳证券交易所将在深圳上市的全部上市公司分为六类：工业、商业、金融业、房地产业、公用事业和综合类，同时分别计算和公布各分类股价指数。

两个证券交易所为编制股价指数而对产业进行的分类显然是不完全的，随着新公司的不断上市以及老上市公司业务活动的变化，这两种分类方法已不能涵盖全部上市公司。为了提高证券市场规范化水平，中国证监会在总结沪深两个交易所分类经验的基础上，以我国国民经济行业的分类为主要依据，于1999年4月制定了《中国上市公司分类指引》并予以试行。分为：农、林、牧、渔业；采掘业；制造业；电力、煤气及水的生产和供应业;建筑业;交通运输、仓储业;邮电通信业;批发和零售贸易;金融、保险业;房地产业;社会服务业;信息与文化产业;综合类。

（二）行业生命周期分析

一般意义上的周期性行业应该就是指资源类、大的工业原材料等,行业的周期性就是经济周期,特征应该是产品的无差别性,品牌相对弱化,公司的竞争主要体现为成本的控制、产能的变化和周期的契合。汽车、钢铁、房地产、有色金属、石油化工等是典型的周期性行业,其他周期性行业还包括电力、煤炭、机械、造船、水泥、原料药产业。

简单来说,提供生活必需品的行业就是非周期性行业,提供生活非必需品的行业就是周期性行业。

周期性行业是指支付股息非常高(当然股价也相对高),并随着经济周期的盛衰而涨落的股票。这类板块多为投机性的板块。该类板块诸如汽车制造行业或房地产行业。当整体经济上升时,这些板块的股票价格会迅速上升;当整体经济走下坡路时,这些板块的股票价格也下跌。

与之对应的是非周期性板块,非周期性板块是那些生产必需品的行业,不论经济走势如何,人们对这些行业产品的需求都不会有太大变动,如食品饮料、交通运输、医药、商业等收益相对平稳的行业就是非周期性产业。

周期性行业分为消费类周期性行业和工业类周期性行业。

1. 消费类周期性行业

消费类周期性行业包括房地产、银行、证券、保险、汽车、航空等,消费类周期性行业兼具了周期性行业和消费行业的特性。它们的终端客户大部分是个人消费者(银行还包括企业),虽然品牌忠诚度较低,但仍具有一定的品牌效应。需求虽然出现波动但总体向上,而且在中国基本上是刚刚启动的行业,市场前景巨大。除汽车、航空外,属于较轻资产型企业,行业景气度低谷时规模的弹性较大。

（1）银行

银行产品价格相对较稳定,需求波动也较小,其中零售占比大的银行周期性更加弱化。银行业的盈利能力在几个行业中比较稳定,但中国银行业未来将面对利差逐步缩小和可能到来的利率市场化,还有房地产及金融风暴导致大量企业倒闭带来的呆坏账爆发的可能性。

（2）房地产

房地产价格和需求虽然波动较大,但波动速度和幅度小于工业品行业,而且产品具有多样性、差异化的特性,某些地区的产品更具有资源垄断的特征。龙头企业具有较好的抗风险能力,行业低谷可以带来低成本并购的机会,行业需求刚性和确定性较高。

（3）证券

证券业的价格具有相对的稳定性,需求波动性很高。证券业比较特殊的是投资者身处行业,周期转换比较明显,通过估值和成交量等指标能比较容易地判断出行业的拐点。

（4）保险

保险实际不属于周期性行业，但投资收益的存在，会呈现阶段的强周期性，中国保险主业的高速增长使波动性弱化。如果不是遇上大牛市或大熊市，保险业的周期性并不明显。应该注意的是，在充分竞争的市场环境中保险业是容易发生价格战的行业，为了获得暂时的市场份额和领先地位，可能出现非理性的保单设计，保单大部分都延续数年、数十年，坏的结果可能很长时间后才显现，投资者难以评估其中的风险。现阶段人寿和平安仍然处于寡头垄断竞争的地位，随着政策管制的放宽，众多的外资保险不断进入中国，外资保险市场份额逐步扩大，市场竞争将越来越激烈。

（5）汽车

汽车业车型换代迅速，技术更新较快，属于重资产型企业，行业竞争激烈，对油价敏感，影响利润的因素较多，盈利的判断比较困难。即使景气度高峰期不同企业的盈利能力各异，且提升幅度未必很高。属于糟时可能很糟，好时未必好的行业。

（6）航空

航空业竞争激烈，恶性价格竞争经常出现（两到三折的价格随处可见），固定成本高昂，资本性开支庞大，运营成本随油价和汇率巨幅波动，航空业的行业特性使其盈利能力低下。

房地产、银行、证券、保险这四个行业与日常生活密切相关，投资者可以比较容易直观地感受行业的冷暖，而且影响盈利的因素比较简单，相对而言更具可预测性（银行与宏观经济的密切性增加了判断的难度），是投资周期性行业较好的选择。汽车和航空的行业特性决定了它们不是好的投资标的。

2. 工业类周期性行业

工业类周期性行业包括有色金属、钢铁、化工、水泥、电力、煤炭、石化、工程机械、航运、装备制造等。这些行业与宏观经济相关度很高，宏观经济复杂多变，基本不可预测（众多著名经济学家的预测往往也是错误的）。而且产品价格波幅巨大、下跌迅猛，需求变化迅速而且周期长，有时投资者根本没有反应的时间。产品成本受原材料影响明显，基本上属于重资产型企业，投入产出周期长，行业景气度高峰期大量的资本支出带来庞大的折旧和摊销，利润对产量的变化极为敏感，行业低谷时规模调整弹性小，影响盈利的不可测因素众多，所以盈利呈现高度的波动性，判断周期拐点的难度也较高。另外，石化、电力、石油等受政府价格管制的行业存在盈利意外下滑的可能性。

工业品行业巨大的波动也带来高收益的机会，只是这种机会不是普通投资者容易把握的。特别是一些长周期行业如有色金属，踏错节奏也许不是几年而是十几年才能解套。然而正是有色、石油、煤炭、黄金、钢铁这类资源性的上游行业，产品单一，同质性强，大宗商品期货市场或商品价格指数对产品价格趋势和行业景气度有直观明确的指导性（航运也有类似的指数），根据产品价格区间判断行业拐点更容易。价格指数通常有一定的运行区间，虽然随着时间的推移区间会有所改变，但只要采集足够长周期的数据，就可以得出大概的规律。上游行业的利润波动性更大，风险也更高。

中、下游行业产品种类纷繁复杂，不同历史时期各细分子行业的情况迥异，使行业周期的判断更加困难。由于产品的差异性,没有简单直观的价格指数作为判断依据,更依赖宏观经济和各子行业的具体情况。

周期性行业的周期循环常常沿着产业链按一定的顺序依次发生,通常复苏始于汽车、房地产、基础设施建设、机械、装备制造等下游行业,然后传导至化纤、非金属矿制品、有色金属冶炼压延、黑色金属冶炼压延等中游的加工制造业,最后是上游的有色、石油、煤炭、石化等行业。衰退也是从下游行业开始,依次传导至中游、上游行业。历史背景不同,周期循环并非简单的重复,运行规律也不是一成不变,不能简单地套用历史经验对周期拐点进行判断,而应根据经验具体情况具体分析。

(三) 学习板块选择路径

1. 选择的目的

一般来说,投资者投资的目的是期望以最小的投资风险获得最大的投资回报,因此在投资决策中,应选择增长型的行业和在行业生命周期中处于成长期和稳定期的行业,这就要求投资者应仔细研究欲投资公司所处的行业生命周期及行业特征。

增长型行业的特点是增长速度快于整个国民经济的增长率,投资者可享受快速增长带来的较高的投资回报,但投资风险较大。此外,投资者也不应排斥增长速度与国民经济同步的行业,这些行业发展比较稳定,投资回报虽不及增长型行业,但投资风险相应也小。例如,计算机行业正以较快的速度增长,但其面临的相应的竞争风险也在不断增长,投资者须通过收益与风险的对比分析来决定是否投资。

在对处于生命周期不同阶段的行业选择上,投资者应选择处于成长期和稳定期的行业,这些行业有较大的发展潜力,基础逐渐稳定,赢利逐年增加,股息红利相应提高,有望得到丰厚而稳定的收益。一般来说,投资者应避免选择初创期和衰退期的行业,因为这些行业的发展前景难以预料,投资风险太大。例如,医疗服务行业正处于成长阶段,竞争风险相对较小,收益也相应较大,而采矿业已进入衰退期,该行业的投资收益就较少。

2. 选择的方法

随着我国证券市场的发展,投资者如何在众多行业中选择呢?通常用两种方法来衡量:一是将行业的增长情况与国民经济的增长速度进行比较,从中找出增长型行业;二是利用行业历年的销售业绩、赢利能力等历史资料分析过去的增长情况,并预测行业未来的发展趋势。

(1) 行业增长分析

分析某行业是否属于增长型行业,可用该行业历年的统计资料与国民经济综合指标相对比来判断。

第一,取得该行业历年销售额或营业收入的可靠数据并计算出年变动率,与国民生产总值增长率、国内生产总值增长率进行比较,确定该行业是否属于周期性行业。如果国民生产总值或国内生产总值连续几年逐年上升,说明国民经济正处于繁荣阶段;反之,则说明国民经济正处于衰退阶段。观察同一时期该行业的销售额是否与国民生产总值或国内生产总值呈同向变化,如果国民经济繁荣时期该行业的销售额逐年同步增长,或国民经济衰退时期该行业的销售额也逐年同步下降,则该行业属于周期性行业。

第二,比较该行业销售额的年增长率与国民生产总值或国内生产总值年增长率。若该行业大多数年份的增长率均大于国民经济综合指标的增长率,则属于增长型行业;反之,该行业的年增长率与国民经济综合指标的年增长率持平甚至偏低,则说明这一行业与国民经济同步增长或增长过缓。

第三,计算各观察年份该行业销售额在国民生产总值中所占的比重。若这一比重逐年增加,说明这一行业增长比国民经济水平快;反之,则较慢。

通过以上分析,只要观察年数足够多,基本上可以发现并判断增长型行业。

(2) 行业未来增长率的预测

在分析了行业过去的情况之后,投资者还需了解和分析行业未来的增长变化,从而对其未来的发展趋势做出预测。目前常使用的方法有两种:一种是绘出行业历年销售额与国民生产总值的关系曲线即行业增长的趋势线,根据国民生产总值的计划指标或预计值可以预测行业的未来销售额。另一种方法是利用该行业在过去10年或10年以上的年增长率计算历史的平均增长率和标准差,预测未来增长率。如果某一行业与居民基本生活资料相关,也可以利用历史资料计算人均消费量及人均消费增长率,再利用人口增长预测资料预计行业的未来增长。

3. 行业投资决策

通过上面进行的行业分析,投资者可以选择处于成长期和稳定期、竞争实力较强、有较大发展潜力的增长型行业作为投资对象。同时,即期的价格收益比在某种程度上也可以作为投资时考虑的因素。例如,某行业显示出的未来增长潜力很大,但是该行业证券的价格相对较高,则不能充分表明这些证券是可以购买的。而一些有着适度收入的行业的证券,如果其价格较低,并且估计其未来收入的变动很小,则这些证券是值得购买的。

因此,投资者在进行投资决策之前,只有通过对欲投资企业所属行业的考察,才能判断市场是否高估或低估了其证券及该行业的潜力和发展能力,进而确定该证券的价格是否合理。在许多时候,市场中投资者和投机者之间的相互作用和影响,足以驱使证券的价格过高或过低,以致偏离真实价值。投资者必须明白,大多数市场运动的变化都源于投资者对某一企业或行业真实价值的感觉,而并非产生于影响某行业未来收入基本因素的变化。

对个别投资者来说,商业性投资公司或证券公司公布的行业分析或调查资料及具有投资观点和建议的补充资料是极有价值的。因为个别投资者往往无法对必要的大量资料做出准确的计算,而这些投资机构的专业分析人员专长于各行业,能够提供以行业和经济分析为基础的报告,这些信息是十分有益的。首先,它包含了对某一行业未来的展望,并描述了其规模和经济重要性,从而概括出了一个行业经营模式、现期困难及发展的可能性和它们对行业在未来若干年中业绩的影响。其次,这些调查报告也讨论了行业的作为与属性、活动的广度和获利程度及其未来最有可能的增长潜力。所以说投资者在投资时应充分利用这些调查报告的投资导向作用。

另外,一般来说,股票的价格与其真实价值不会有太大的偏差,但投资者要确定某一行业证券的投资价值，必须辨别现实价格与其真实价值的差异及其所反映的未来收入的机会和投机需求程度有多大。当然，投资者还应考虑其他因素，例如加入世贸组织后我国某些行业竞争力的变化、消费者的偏好和收入分配的变化等。只有广泛收集信息、系统地评估该行业，投资者才能进行正确的行业分析，从而最终做出明智的行业投资决策。

（四）新兴产业分析

由国家发改委牵头、有关部委参与起草的《战略性新兴产业发展"十二五"规划》，根据规划，预计到2020年，节能环保、新一代信息技术、生物、高端装备制造产业将成为国民经济的支柱产业，新能源、新材料、新能源汽车产业将成为国民经济的先导产业。七大产业链将引领中国在未来十年进入一个新的产业周期。

《战略性新兴产业分类目录》下设7个门类、34个大类、153个中类、449个小类、260个次小类，共包含680种产品。

《"十三五"国家战略性新兴产业发展规划》进一步指出战略性新兴产业代表新一轮科技革命和产业变革的方向，是培育发展新动能、获取未来竞争新优势的关键领域。要把战略性新兴产业摆在经济社会发展更加突出的位置，紧紧把握全球新一轮科技革命和产业变革重大机遇，按照加快供给侧结构性改革部署要求，以创新驱动、壮大规模、引领升级为核心，构建现代产业体系，培育发展新动能，推进改革攻坚，提升创新能力，深化国际合作，加快发展壮大新一代信息技术、高端装备、新材料、生物、新能源汽车、新能源、节能环保、数字创意等战略性新兴产业，促进更广领域新技术、新产品、新业态、新模式蓬勃发展，建设制造强国，发展现代服务业，推动产业迈向中高端，有力支撑全面建成小康社会。

到2020年，战略性新兴产业增加值占国内生产总值比重达到15%，形成新一代信息技术、高端制造、生物、绿色低碳、数字创意等5个产值规模10万亿元级的新支柱。

（五）行业板块基本关系结构路线图分析

1. 以各大产业相互间并列及行业间递进包含等关系为路线图分析

（1）第一产业：传统行业——农药化肥、农林牧渔、食品行业、造纸行业、酿酒行业、制笔行业、家具行业、陶瓷行业

（2）第二产业：基础工业、制造业、建筑业、科技研发等

（原料）基础矿产采选工业：煤炭行业、石油行业、有色金属、水泥行业

（初产成品材料）加工制造业：电力行业、发电设备、供水供气、化工行业、化纤行业、塑料制品、纺织行业、纺织机械、钢铁行业、机械行业、首饰加工、玻璃行业、感光材料、建筑材料

（半成品配件材料）装备制造业：家电行业、电子信息、电子器件、仪器仪表、电器行业、印刷包装、服装鞋类、自行车、摩托车、汽车制造、船舶制造、飞机制造

建筑业：公路桥梁、交通运输、房地产

生化科技：生物制药、医疗器材

环保产业：环保行业

(3) 第三产业：商贸业、服务业

娱乐休闲：传媒娱乐，酒店旅游

贸易：商业百货，物资外贸，开发区

金融：金融行业

综合其他：综合行业，其他行业

(4) 产业升级（新兴产业）：新能源、新材料、新技术

2. 以人类自然生产、社会生活需求层次发展方向为路线图分析

(1) 食：农药化肥、农林牧渔、食品行业、酿酒行业、供水供气、煤炭行业、发电设备、电力行业、感光材料、环保行业

(2) 衣：石油行业、化工行业、化纤行业、纺织行业、酿酒行业、服装鞋类、首饰加工

(3) 住：水泥行业、有色金属、钢铁行业、机械行业、塑料制品、印刷包装、玻璃行业、建筑材料、房地产

(4) 行：自行车、摩托车、汽车制造、船舶制造、飞机制造、公路桥梁、交通运输

(5) 用：电子器件、仪器仪表、电器行业、家电行业、家具行业

(6) 学：造纸行业、制笔行业、陶瓷行业

(7) 医：生物制药、医疗器械

(8) 教：电子信息

(9) 娱：传媒娱乐

(10) 商：商业百货、金融行业、开发区、酒店旅游、综合行业、其他行业

(11) 贸：物资外贸

3. 以基本各产业间联系紧密程度为路线图分析

4. 各领域关系路线图分析

(1) 能源领域：煤炭行业、石油行业、电力行业、发电设备、感光材料

(2) 矿产资源：水泥行业、有色金属、首饰加工、供水供气、化工行业、化纤行业、环保行业

(3) 装备制造：钢铁行业、机械行业、塑料制品、印刷包装、纺织机械、医疗器械、玻璃行业、电子器件、仪器仪表、电器行业、家电行业、自行车、摩托车、汽车制造、船舶制造、飞机制造

(4) 交通领域：公路桥梁、交通运输

(5) 通信技术：电子信息

(6) 商贸服务：商业百货、物资外贸、传媒娱乐、金融行业、开发区、酒店旅游、综合行业、其他行业

(7) 工程领域：建筑材料、房地产

(8) 医疗领域：生物制药、医疗器械

(9) 基础领域：农林牧渔、农药化肥、酿酒行业、食品行业、纺织行业、服装鞋类、造纸行业、制笔行业、家具行业、陶瓷行业

【实验步骤】

1. 浏览行业分析研究相关的数据网和分析网,譬如浏览中国行业研究网:http://www.chinairn.com/news/20120323/968746.html,学习别人的行业分析报告。
2. 熟悉常见的行业板块分类方法,并对板块的走势进行观察。
3. 根据近期的盘面情况,选择一个热门板块构建分析框架,并写出简短的分析报告。
4. 鉴于我国股票市场存在着行业板块轮动现象,分析行业指数与沪深300指数、沪深指数之间的关系,分析各个行业之间的指数变动关系,给出投资建议。

【实验报告】

实验科目	证券投资行业板块分析		
实验时间		实验地点	
实验要点: 1. 进入相关统计数据网、相关投资分析资料信息源网等,寻找与本实验行业分析相关的数据和信息资料,进行相关的分析; 2. 进入相关的行业分析门户网站,收集与本实验相关的行业专业分析报告或文章,对报告或文章中的分析方法、分析路径和分析结论进行分析; 3. 对当前资本市场的板块效应进行观察和分析,试着撰写简短的分析报告。			
实验内容记录: 本实验内容记录要求根据本实验课学习和练习的内容,完成以下内容:1. 浏览行业分析数据库和网站的过程和发现的现象;2. 选择一篇行业分析报告,针对该报告的学习,给出你学习的感受;3. 对近期资本市场的板块变动情况,撰写1 000字以内的分析报告。(本预留页面不够的,可以加页)			

续表

分析和讨论：

续表

实验中遇到的问题和收获：

实验完成情况：

指导教师签名：
日　期：　　年　　月　　日

实验四　证券投资公司分析

【实验目的】

对公司分析历来是金融学课程体系中最看重的分析领域,所以在课程体系中,不但有"财务分析"这类被认为是会计类课程的教学内容,也有与会计学专业争夺课程归属权的"公司金融"课程,全面的公司分析也是基本面分析的核心内容。但无论是"财务分析"课程,还是"公司金融"课程,课堂教学都必须介绍各种分析模型和分析公式,公司分析的基本知识都是通过诸如财务分析、公司金融等分散在各个章节来完成的,学生往往缺乏从金融投资的视角审视这些内容的可能和机会。

本实验就是要构建这个视角下的公司分析框架,建立这些专业知识与投资分析之间的关系,给出公司分析最有效和正确的分析路径。因此,本实验的主要目的是从程序和逻辑路径上对学生进行公司分析相关专业知识的一个梳理。

【实验原理】

证券投资公司分析不是财务分析,也不是财务管理,而是对上市公司未来潜力的一种公司层面的判断。

原理之一:财务分析是公司内部人员从会计记账—算账—报账这样的逻辑顺序来完成分析过程,获得分析结果的,但证券投资公司分析则是公司外部人员从报表—公司财务—公司未来的逻辑顺序来完成分析过程,获得分析结果的。因此,在分析过程中,既要借助财务分析的方法,又不能过分迷信这种方法,毕竟过程—手段—目标都不相同。

原理之二:报表数字之间的关系比计算财务指标要重要得多。财务分析会使用大量的财务分析指标来说明问题,但证券投资的公司分析如果也只是计算一些通过报表数据获得的指标,那就会步入歧途。我们的分析需要观察和计算报表数据之间的关系,通过附注等信息,对报表数字及其变化原因进行深入探究,从而揭秘数字背后的真相。

原理之三:公司分析需要具备公司管理、公司财务等公司层面的基本原理知识,但管理和财务学知识都是内部人员的视角,而证券投资公司分析则是外部人员的视角,因此,需要根据构成公司管理和财务的理论来倒推公司的真实状态,这需要摆脱惯性的分析思路,特别不能落入表面数据和现象的陷阱。

原理之四:所有的管理和财务数据都是公司过去情况的反映和记录,而投资是投公司的未来,而未来可能存在许多不确定性,可能出现拐点,因此很多司空见惯的"有效"分析方法,在公司分析时不一定是有效的。譬如,在未来趋势分析时,很常见的一类分析方法就是各种"趋势分析法",但实际上公司未来的表现可以出现断层,不能由趋势外推得出结论。

【实验内容】

(一) 练习使用 F10 功能键观察数据,对数据的使用进行反思

几乎所有的证券投资软件都提供了便捷的 F10 功能键,通过这个功能键,能够获得公司层面的很多信息,譬如这家证券公司的交易分析软件 F10 界面信息(图 4-1):

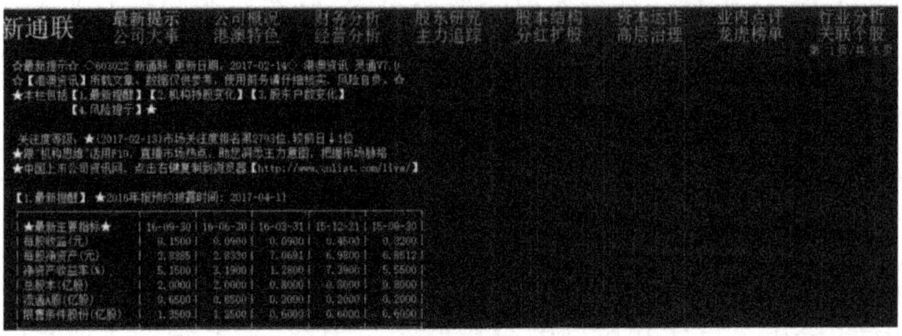

图 4-1　F10 界面信息示意图

它包括了"最新提示""公司概况""财务分析"等 16 项,点击菜单就能够获得券商提供的服务信息,很多的投资者都是通过 F10 功能键获得上市公司的基本面公司信息,并据此对公司进行分析。

作为未来的专业证券投资分析师,我们首先需要了解 F10 功能键提供的信息的获取方式,所以本实验首先是对相关子菜单的公司信息进行浏览,但分析师的分析不能建立在这个信息的基础上。

F10 功能键的信息,或者是剪辑了公司信息的一些结果数据,数据背后的真实信息我们并不能获得;或者是其他专业分析师(甚至媒体)的一些分析观点和结论,我们不能直接使用,如果能直接使用就不需要我们的分析了。

换言之,本实验的第一项内容是对 F10 功能键提供的信息进行浏览,但在浏览时更多地要搞明白这些信息和数据的来龙去脉,找出问题所在。

(二) 学习分析财务年报的财务报表信息

公司的信息基本是通过其定期报告和非定期报告对外发布的,作为分析师,除了可以到公司现场或利用其他媒体收集与公司相关的信息外,最重要的分析信息来源就是公司的这两类报告了。因此,学习分析公司定期报告是一项必修功夫,而定期报告的核心是财务报表及其附注信息所提供的信息。

在对所获得的上市公司的财务报表进行分析之前,我们先要明白这些报表中的数据可能存在错误,或者有可能影响我们做出正确判断的虚假信息。这些错误可能是由于以

下几个方面的因素造成的：

（1）财务人员或公司管理人员人为因素或从业素质对财务报表质量产生负面影响；

（2）会计政策和会计处理方法的改变对财务报表结果的影响；

（3）会计估计方法（如固定资产的折旧年限、折旧率、净残值率等）的存在,对财务报表的影响；

（4）通货膨胀使得财务报表的数据失真。

另一方面,财务报表本身并不能全面反映上市公司的所有背景情况,一些应该反映的内容没有得到有效的反映,从而影响对企业的分析评价。这是因为列入表中的仅仅是可利用的以货币计量的经济资源,实际上,企业有许多经济资源或是受到客观条件制约,或受到会计惯例的制约并未在报表中得到体现。比如企业的人力资源、企业自创的商誉、企业所处的经济环境、市场竞争优势等未在报表的资产项目内反映,但这些信息对公司未来发展会产生很大的影响。

至于那些在财务分析中常用的一些分析指标,则更是本身就有很大的局限性：

（1）短期偿债能力指标的局限性

企业短期偿债能力是指企业在短期债务到期前资产可以变现用于偿还流动负债的能力。短期偿债能力指标分为流动比率和速动比率指标。由于流动资产一般在短期内能够转化为现金,所以用流动比率和速动比率反映企业短期偿债能力具有一定的合理性。然而,若单纯根据这两个比率指标对企业短期偿债能力做出判断,难免有失偏颇,这也是短期偿债能力固有缺陷之所在。

（2）"每股收益"的局限性

每股收益＝本年度净利润／年末普通股份总数,它表明普通股在本年度所获的利润,是衡量公司盈利能力的一个重要的比率指标。在计算这个比率时,分子是本年度的净利润,分母是年末普通股份总数,一个是时期指标,一个是时点指标,那么分子、分母的计算口径不完全一致。每股收益不能反映公司经营风险的大小,在收益增加的同时风险往往是随之增加的。

（3）每股净资产的局限性

每股净资产＝年度末股东权益（或期末净资产）／年度末普通股数,表示发行在外的普通股每一股份所代表的股东权益或账面权益。在进行投资分析时,只能有限地使用这个指标,因其是用历史成本计量的,既不反映净资产的变现价值,也不反映净资产的产出能力。

（4）净资产收益率的局限性

该指标是用来反映所有者权益的收益水平的,其计算公式有两种形式:一种是净资产收益率＝净利润／年末股东权益,另一种是净资产收益率＝净利润／平均净资产。为了提高计算结果的准确性,应以净资产的加权平均数作为计算依据,但这样又过于复杂,从简化计算角度考虑,分母用年初和年末净资产的平均值,同分子的当年净利润相比较似乎更为合理。

因此,我们在对上市公司进行证券投资的公司分析时,需要从盈利质量、资产质量、现金流量三个方面对公司进行有效分析。

1. 盈利质量分析

盈利质量可以从收入质量、利润质量和毛利率这三个角度进行分析。

(1) 收入质量的分析

盈利质量的分析,主要利用利润表提供的资料。众所周知,利润表的第一行为销售收入,最后一行为净利润。在解读利润表时,经常遇到的一个问题是:到底是第一行重要,还是最后一行重要?对于这一问题,可谓见仁见智。事实上,绝大部分的报表使用者偏好的是最后一行。他们在分析利润表时,往往是从第一行找到最后一行,其他项目基本忽略不计。对此,美国两位会计大师佩顿(W. A. Paton)教授和利特尔顿(A. C. Littleton)教授曾经幽默地建议会计准则制定机构将利润表的顺序颠倒,将净利润列在第一行,免得大部分报表使用者辛辛苦苦地从第一行找到最后一行。

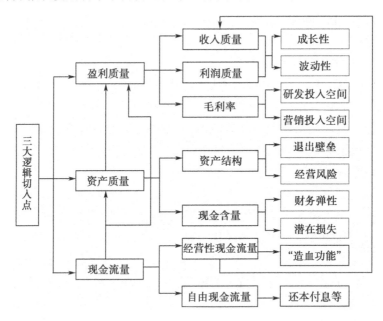

图4-2 财务报表分析逻辑框架(摘自厦门国家会计学院黄世忠所编教材)

企业是靠利润生存的吗? 20世纪90年代是西方发达国家经济发展最辉煌灿烂的十年,但还是有不少企业破产倒闭。经验数据表明,这一时期每四家破产倒闭的企业,有三家是盈利的,只有一家是亏损的。这说明企业不是靠利润生存的。

那么,企业到底是靠什么生存的呢?答案是,企业靠现金流量生存。只要现金周转失灵,资金链条断裂,则企业必死无疑。因此,老练的使用者在分析利润表时,首先应当关注的是收入质量。因为销售商品或提供劳务所获得的收入,是企业最稳定、最可靠的现金流量来源。通过分析收入质量,报表使用者就可评估企业依靠具有核心竞争力的主营业务创造现金流量的能力,进而对企业能否持续经营做出基本判断。此外,将企业收入与行业数据结合在一起,报表使用者还可以计算出市场占有率,而市场占有率是评价一个企业是否具有核心竞争力的最重要硬指标之一。

收入质量分析侧重于观察企业收入的成长性和波动性。成长性越高,收入质量越好,说明企业通过主营业务创造现金流量的能力越强。波动性越大,收入质量越差,说明企业现金流量创造能力和核心竞争力越不稳定。

(2) 利润质量的分析

利润是企业为其股东创造价值的最主要来源,是衡量企业经营绩效的最重要指标之一。与收入质量的分析方法一样,利润质量的分析也是侧重于成长性和波动性。成长性越高、波动性越小,利润质量也越好,反之亦然。

(3) 毛利率的分析

毛利率等于销售毛利除以销售收入,其中销售毛利等于销售收入减去销售成本与销售税金之和。毛利率的高低不仅直接影响了销售收入的利润含量,而且决定了企业在研究开发和广告促销方面的投入空间。在激烈的竞争环境下,企业的可持续发展在很大程度上取决于企业的产品质量和产品品牌。毛利率越高,不仅表明企业所提供的产品越高端,也表明企业可用于研究开发以提高产品质量、可用于广告促销以提升企业知名度和产品品牌的空间越大。而研究开发和广告促销的投入越多,企业就可以培育更多的利润增长点,从而确保企业发展的可持续性。

2. 资产质量分析

资产质量可以从资产结构和现金含量这两个角度进行分析。

(1) 资产结构的分析

资产结构是指各类资产占资产总额的比例。分析资产结构,有助于评估企业的退出壁垒、经营风险和技术风险。

一般而言,固定资产和无形资产占资产总额的比例越高,企业的退出壁垒(Exit Barrier)就越高,企业自由选择权就越小。当企业所处行业竞争加剧,获利空间萎缩,发展前景不明时,企业通常面临着两种选择:退出竞争或继续竞争。对于固定资产和无形资产占资产总额比例不高的企业,选择退出竞争的策略需要付出的机会成本较小。反之,对于固定资产和无形资产占资产总额比例很高的企业,选择退出竞争的策略需要付出高昂的机会成本,因为在这些资产(尤其是固定资产)上的投资很可能要成为废铜烂铁。出于无奈,这类企业只好选择继续参与竞争的策略,其结果往往是承担了巨大的市场、经营和财务风险,却只能获得微不足道的回报,甚至发生巨额亏损。

一般地说,固定资产占资产总额的比例越高,表明企业面临的技术风险也越大。这是因为资本密集型的企业,其固定资产遭受技术陈旧的可能性较大,特别是新技术的出现,容易导致这类企业因技术陈旧而不得不对固定资产计提减值准备。此外,为了使其技术跟上行业发展的步伐,资本密集型的企业还必须将经营活动千辛万苦赚得的现金流量不断用于固定资产的更新换代,加大了未来期间的资金需求。

(2) 现金含量的分析

资产是指企业因过去的交易、事项和情况而拥有或控制的能够带来未来现金流量的资源。根据这一定义,评价企业资产质量的方法之一就是分析资产的现金含量。资产的现金含量越高,资产质量越好,反之亦然。

首先,资产的现金含量越高,企业的财务弹性就越大。对于拥有充裕现金储备的企业而言,一旦市场出现千载难逢的投资机会或其他有利可图的机遇,它们就可迅速加以利用,而对于出现的市场逆境,它们也可以坦然应对。反之,对于现金储备严重匮乏的企业,面对再好的投资机会和其他机遇,也只能望洋兴叹,对于始料不及的市场逆境,它们往往会一蹶不振。

其次,资产的现金含量越高,企业发生潜在损失的风险就越低,反之,发生潜在损失的风险越高。如果企业的大部分资产由非现金资产(如应收款项、存货、长期股权投资、固定资产和无形资产)所组成,那么该企业发生坏账损失、跌价损失和减值损失的概率就越大。

3. 现金流量分析

现金流量是企业生存和发展的"血液"。众所周知,现金流量表分为三大部分:经营活动产生的现金流量、投资活动产生的现金流量、筹资活动产生的现金流量。经营活动产生的现金流量相当于企业的"造血功能",投资活动产生的现金流量相当于企业的"放血功能",而筹资活动产生的现金流量则相当于企业的"输血功能"。当"造血功能"大于"放血功能"时,企业不靠"输血"(股东注资或银行贷款)也可高枕无忧。反之,当"放血功能"大于"造血功能"时,企业只有依靠"输血"(股东注资或银行贷款)才能安然无恙。

现金流量可以从经营性现金流量(Operational Cash Flow)和自由现金流量(Free Cash Flow)这两个角度进行分析。

(1) 经营性现金流量的分析

如前所述,经营活动产生的现金流量相当于企业的"造血功能",即不靠股东注资、不靠银行贷款、不靠变卖非流动资产,企业通过其具有核心竞争力的主营业务就能够独立自主地创造企业生存和发展的现金流量。如果经营性现金流入显著大于现金流出,表明其"造血功能"较强,对股东和银行的依赖性较低。反之,如果经营性现金流量入不敷出(现金流出大于现金流入)且金额巨大,表明企业的"造血功能"脆弱,对股东和银行的依赖性较高。

(2) 自由现金流量的分析

在现金流量的分析中,经营性现金流量固然重要,但更重要的自由现金流量。

经营性现金流量虽然能够揭示企业"造血功能"的强弱,但即使是正值的经营性现金流量也未必代表企业可将其全部用于还本付息或支付股利。衡量企业还本付息和支付股利能力的最重用指标是自由现金流量。从定性的角度看,自由现金流量是指企业在维持现有经营规模的前提下,能够自由处置(包括还本付息和支付股利)的经营性现金净流量。从定量的角度看,自由现金流量等于经营活动产生的现金流量减去维持现有经营规模所必需的资本性支出(更新改造固定资产的现金流出)。这是因为,固定资产经过使用,必然会陈旧老化,经营活动产生的现金流量首先必须满足更新改造固定资产的现金需求,剩余部分才可用于还本付息和支付股利。将自由现金流量与企业还本付息、支付股利所需的现金流出进行比较,就可评价企业创造现金流量的真正能力。

4. 盈利质量、资产质量和现金流量的相互关系

图 4-2 描述了财务报表分析的逻辑框架和关注点。必须指出,盈利质量、资产质量

和现金流量是相互关联的。盈利质量的高低受资产质量和现金流量的直接影响。如果资产质量低下,计价基础没有夯实,报告再多的利润都是毫无意义的。

如果企业每年都报告利润,但经营性现金流量却入不敷出,那么,这种没有真金白银流入的利润,实质上只能是一种"纸面富贵"。这种性质的利润,要么质量低下,要么含有虚假成分。同样地,资产质量也受到现金流量的影响。根据资产的定义,不能带来现金流量的资产项目,充其量只能称为"虚拟资产"。严格地说,这样的资产项目是不应该在资产负债表上确认的。

(三) 了解公司非定期报告的特定含义及其对资本市场的影响

公司所有重大事项都必须以非定期报告的方式对外公告,如果没有及时公告,交易所将对它进行暂停挂牌交易的处理,直到它披露为止。

这些非定期的公司公告一般都会隐含大量影响公司未来发展的重要信息,所以对它们的关注,是证券投资分析师必须做的一件事情。

重大事项包括以下几种:

1. 董事会决议。
2. 监事会决议。
3. 股东大会(股东会)决议。
4. 应当报告的交易包括下列事项:
(1) 购买或者出售资产;
(2) 对外投资(包含委托理财、委托贷款等);
(3) 提供财务资助;
(4) 提供担保;
(5) 租入或者租出资产;
(6) 委托或者受托管理资产和业务;
(7) 赠与或者受赠资产;
(8) 债权、债务重组;
(9) 签订许可使用协议;
(10) 转让或者受让研究和开发项目;
(11) 证券交易所认定的其他交易。
5. 应当报告的关联交易包括下列事项:
(1) 本条第4款规定的交易事项;
(2) 购买原材料、燃料、动力;
(3) 销售产品、商品;
(4) 提供或者接受劳务;
(5) 委托或者受托销售;
(6) 与关联人共同投资;
(7) 其他通过约定可能引致资源或者义务转移的事项。

6. 涉案金额超过 500 万元,并且占公司最近一期经审计净资产绝对值 5%以上的重大诉讼和仲裁。

7. 公司变更募集资金投资项目。

8. 公司业绩预报、业绩快报和盈利预测。

9. 公司利润分配和资本公积金转增股本。

10. 公司股票交易异常波动和传闻澄清。

11. 出现下列使公司面临重大风险的情形之一时,应当及时报告:

(1) 发生重大亏损或者遭受重大损失;

(2) 发生重大债务或者重大债权到期未获清偿;

(3) 可能依法承担重大违约责任或者大额赔偿责任;

(4) 计提大额资产减值准备;

(5) 公司决定解散或者被有权机关依法责令关闭;

(6) 公司预计出现资不抵债(一般指净资产为负值);

(7) 主要债务人出现资不抵债或者进入破产程序,公司对相应债权未提足额坏账准备;

(8) 主要资产被查封、扣押、冻结或者被抵押、质押;

(9) 主要或者全部业务陷入停顿;

(10) 公司因涉嫌违法违规被有权机关调查,或者受到重大行政、刑事处罚;

(11) 董事长或者总经理无法履行职责,董事、监事、高级管理人员因涉嫌违法违纪被有权机关调查或采取强制措施;

(12) 其他重大风险情况。

12. 变更公司名称、股票简称、公司章程、注册资本、注册地址、主要办公地址和联系电话等。

13. 经营方针和经营范围发生重大变化。

14. 变更会计政策或者会计估计。

15. 董事会就公司发行新股、可转换公司债券或者其他再融资方案形成相关决议。

16. 中国证监会股票发行发审委会议,对公司新股、可转换公司债券发行申请或者其他再融资方案提出了相应的审核意见。

17. 持有公司 5%以上股份的股东或者实际控制人持股情况或者控制公司的情况发生或者拟发生较大变化。

18. 董事长、总经理、董事(含独立董事)或者三分之一以上的监事提出辞职或者发生变动。

19. 生产经营情况、外部条件或者生产环境发生重大变化(包括产品价格、原材料采购价格和方式发生重大变化等)。

20. 订立重要合同,可能对公司的资产、负债、权益和经营成果产生重大影响。

21. 新颁布的法律、行政法规、部门规章、政策可能对公司经营产生重大影响。

22. 聘任或者解聘为公司审计的会计师事务所。

23. 法院裁定禁止公司控股股东转让其所持本公司股份。
24. 任一股东所持公司5%以上的股份被质押、冻结、司法拍卖、托管或者设定信托。
25. 获得大额政府补贴等额外收益,转回大额资产减值准备或者发生可能对公司资产、负债、权益或经营成果产生重大影响的其他事项。
26. 证券交易所或者公司认定的其他情形。

【实验步骤】

1. 熟悉和练习用F10键查看证券投资分析软件里的个股基本面信息,并写出信息中可能存在的误导信息;
2. 下载某一上市公司年报,并对其进行公司基本分析;
3. 对今天公布的某一重大事项信息进行公司分析。

【实验报告】

选择一个上市公司,明确该公司所在的行业,然后根据实验课学习的内容,对当前影响公司股票未来走势的宏观经济因素、资金面和市场面的因素、行业前景和公司在行业中的地位、公司的经营和财务状况进行全面分析,并撰写分析报告。

实验科目		证券投资公司分析	
实验时间		实验地点	
实验要点: 1. 进入证券交易分析软件系统,熟悉各种F10基本面信息的查看,针对性地提出问题; 2. 进入交易所网站,下载某上市公司最新的年报,并对年报进行必要的分析,写出1 000字以内的分析报告; 3. 对某一上市公司今天公布的公告信息,进行相应分析,写出300字以内的恰当的分析报告。			
实验内容记录: 本实验内容记录要求根据本实验课学习和练习的内容,完成以下内容:1. 浏览证券投资交易分析软件中F10功能键下的基本面信息,写出几条对应性的数据可能存在的误导;2. 选择一家上市公司,对其年报进行初步分析,写出分析报告;3. 对今天某上市公司的重大事项公告,进行初步分析,写出分析报告。(本预留页面不够的,可以加页)			

续表

分析和讨论：

续表

实验中遇到的问题和收获：

实验完成情况：

指导教师签名：
日　期：　　年　　月　　日

实验五　证券投资概念板块分析

【实验目的】

在实际的投资分析中,有一个"概念板块"的概念。"概念"的形成并不简单,它既不是简单的行业板块概念,也不是没有价值的炒作概念,在实际的概念板块中,概念所涉及的板块可大可小,也可能是某个"题材"和"说法"就能造就,譬如"高送转概念板块",它就和公司基本面相关;"航母概念板块",它就和宏观基本面相关。所以,现有教学体系中基本面和技术面都没有给出"概念板块"应有的位置,加上中国"炒作"的投资背景,很容易给学生一个错误的印象:概念板块就是没有实际价值的炒作概念。本实验要改变这些误区引导,还原概念板块的真实价值,将学生们在各个课程学校中的零散知识,通过概念板块分析实验进行联系。本实验要解决的是概念形成的过程和对概念的理解。

【实验原理】

原理之一:概念股板块是比较行业板块或区域板块更加广泛的一个板块说法,当市场因某种特别的内涵(譬如某段时间内的一些政策、新闻、消息所引发)而聚集起来,成为一个股市热点的板块,就是概念板块。因此,概念板块实际上是对某种热点所做的集中展示,而热点会随着历史的进展而不同。换句话说,在概念形成之前,实际上是没有概念的,这对证券投资分析的预测带来了挑战。结果是,对概念股板块的分析就变成对这个概念的未来的一种预测分析。

原理之二:概念并没有统一的标准,不同概念的分析方法也会有很大的差异。因此,概念板块的分析不能简单归结为行业分析、区域分析之类,而是要根据概念的强势与否进行分类。换句话说,概念股的分析价值在于分析的时点把握。早了可能概念不会最终形成,晚了可能概念的意义正在失去,恰当及时的概念分析,才会对投资具有指导意义。

原理之三:概念的来源可以是公司、行业、宏观因素,也可以是来自于投资者的心理因素。换句话说,概念的来源其实并不重要,概念本身的想象空间才是概念强弱的关键。常见的概念板块出现的原因有:① 某项突发事件带来的变化;② 国家产业政策扶持,政府实行政策倾斜;③ 某项技术的革新带来的机会;④ 出现重大资产重组;⑤ 高送转配;⑥ 发生股权变化;⑦ 公司庞大的土地资产价值;⑧ 经营业绩出现明显好转;⑨ 其他。

原理之四:概念和业绩是一种辩证关系。通常认为概念股并没有业绩支撑,而业绩股是价值投资,但所有的概念背景都是对未来该概念下会带来业绩的上涨,因此,概念其实是为了业绩的一种预期。但 A 股市场环境下,由于大量的"炒作"行为,使得概念也会变成完全没有业绩支持的一种纯炒作的题材。

【实验内容】

(一) 对近一段时间的概念板块进行观察,注意挑选出该概念板块的龙头股

概念板块是实实在在存在在那儿的一个有投资(机)价值的板块,你不能因为中国 A 股在概念板块上存在众多的炒作,就可以回避它,只有不断多且深入地观察概念板块产生的原因,才能对概念股的形成、发展和价值有直观感性的认识,也才能获得有效的投资分析。

概念板块的重要性不仅仅体现在板块整体上,大多数情况下,概念板块都会由龙头股票领涨,在一轮概念股的上涨之后,龙头股票上涨的幅度远大于板块内上涨不多的其他股票,因此,在观察概念板块的时候,要特别注意认识龙头股及其龙头形成的原因,这样才能积累未来辨别概念和龙头概念股的能力。

本实验内容就是要观察最近的概念板块及其产生的原因,看看它们和近期的经济、技术、政治、军事等外部环境变化的关系,并学会预测下一个概念板块出现的可能性及其概率。

对于已经出现的概念板块,要观察板块内哪些股票是领头上涨的,从技术面和基本面两个方面,理解它们为什么成为此概念板块的龙头,而不是其他股票。同时观察板块内的其他非龙头股票跟风上涨的力量和技术特征。

作为一般规律,龙头股票都会率先启动上涨,在调整之后,龙头股票也是率先再次上涨的,请观察这个一般规律的有效概率大小。

什么样的股票能够成为概念板块的龙头股呢? 一般可依据以下几个方面进行判断:

1. 概念板块的龙头股必须能够轻易涨停,并且不怎么放量。从连续两个或者三个涨停板开始引领板块是常见的现象。

2. 概念板块龙头股启动的价位必须具备足够的上涨空间,相对价位比较低,但并不一定是绝对低价。

3. 概念板块的龙头股适合不同资金的介入,在熊市时,小流通市值的股票和中等市值的股票都可能成为龙头股,而牛市时,中等市值的股票和大市值的股票都可能成为龙头股。

4. 概念板块的龙头股的基本面通常没有一般意义上的支撑股价的条件,但随着上涨持续,股票特殊的一些特点会被发掘出来,成为上涨的理由,这些理由事后想想或许就是些概念而已。

(二) 浏览股评和专业人士的概念板块的分析文章或报告,学习概念板块分析报告的撰写

概念板块都是要有一些特殊的吸引人的动能因素,发掘这些动能因素也是投资分析

的技术手段之一。本实验根据别人的概念板块分析,逐渐学会概念板块分析的路径和逻辑。

浏览专业人士和股评人士的概念板块分析的文章,看看他们是怎样对概念板块中的概念进行分析的,他们是怎样对概念板块上涨的动能因素进行剖析的。还要注意观察,心理因素在分析中的重要作用。

特别要注意这个概念是怎样被大家关注的,并且是怎么成为有吸引力的因素的。在这里要注意避免落入基本面财务状况分析的陷阱内,因为大多数概念板块之所以成为热门板块,并非是因为之后能够带来上市公司业绩的大幅度提升。

概念板块分析报告的具体分析内容一般包括以下要素:

1. 概念板块"概念"的起由;
2. 概念板块"概念"的内容或内涵;
3. 概念板块涨跌现状;
4. 概念板块"概念"的未来前景描述;
5. 概念板块的具体股票描述和推荐,等等。

例1 OLED 概念板块分析(2016 年报告)。

OLED (Organic Light Emitting Display)即有机发光显示器,在手机 LCD 上属于新型产品,被称誉为"梦幻显示器"。OLED 显示技术与传统的 LCD 显示方式不同,无需背光灯,采用非常薄的有机材料涂层和玻璃基板,当有电流通过时,这些有机材料就会发光。而且 OLED 显示屏幕可以做得更轻更薄,可视角度更大,并且能够显著地节省耗电量。

据悉,苹果将在 2017 年更新的 iPhone 上使用 OLED 屏幕,同时计划将这种屏幕使用到 iPad 和 MacBook 上。三星或已经拿到 2017 年 iPhoneOLED 屏幕的独家供应权,并有意向 PC 市场大量提供 OLED 屏幕。

经过近几年的技术发展,OLED 屏幕现在终于成了业界追逐的新焦点。2016 年"五一"期间,LG、创维、长虹、康佳等诸多品牌 OLED 电视争相斗艳,部分产品更是处于缺货状态。

OLED 是下一代主流显示技术,OLED 具有的诸多优点包括高亮度、高对比度、高色域范围和可视角度、低能耗、更轻薄以及柔性特点等。随着 OLED 技术的不断成熟,优良率以及产能的提升,其应用场景将大大扩展,包括智能手机、智能硬件、VR、照明等领域都将是应用重点。OLED 显示与照明的市场空间广阔,全产业链有望快速发展,相关上市公司也将迎来新的上涨契机。

随着上周苹果将在 2017 年的 iPhone 机型中使用 OLED 屏幕消息的发布,OLED 行业多家上市公司受到多家明星机构调研。其中,万润股份(002643)上周被 65 家机构调研,包括千合资本、淡水泉、朱雀投资和星石投资等。中颖电子受到了嘉实基金的独家调研。智云股份(300097)获得千合资本、鹏华基金、融通基金和华商基金等 49 家机构调研。

另外,A 股市场当中,OLED 概念已经提前被炒作。龙头股中颖电子(300327)一个多月时间,已经走出翻倍行情。濮阳惠成(300481)一个月也同样走出了50%的行情。在今日,其他相关概念股同样是顺势爆发,市场呈现了多路资金炒作的局面。

OLED概念股票有:万润股份(002643)、中颖电子(300327)、濮阳惠成(300481)、北京君正(300223)等。另外,OLED产业链的相关公司还包括智云股份、丹邦科技(002618)、新纶科技(002341)、康得新(002450)、深天马A、京东方A等。

例2 稀土概念板块异动点评(2011年报告)。

事件:11月24日,环保部发布首批15家符合环保要求的稀土企业名单。环保部负责此次核查的有关人士表示,今后环保部还将针对其他重污染行业进行类似核查,并且改变以往公布不合格企业名单的方式,转而公布合格企业名单;不在名单上的企业,各级环保部门对新建项目环境影响评价文件或上市环保核查申请将不予审批。

受此影响,稀土板块涨幅靠前,概念指数涨幅也达到0.72%。

事件点评:

1. 环境保护部24日发布了第一批符合环保要求的稀土企业名单并向社会公告。环境保护部新闻发言人陶德田表示,今后,各级环保部门对未列入公告企业的新(改、扩)建项目环境影响评价文件或上市环保核查申请将不予审批,并不得为其提供各类环保专项资金支持和出具任何方面的环保合格、达标或守法证明文件。

2. 2011年上半年受利好政策的刺激,稀土价格飙涨,7月上旬的价格与年初相比,轻稀土产品价格上涨了三倍以上,中重稀土产品价格上涨了五倍。价格暴涨在使得稀土上游资源型和加工类企业业绩暴增的同时,却严重加大了下游风电、新能源汽车、绿色照明企业的成本压力,面临提价或被迫更换原材料的窘境。因此,稀土的实际供需平衡在上半年已经被打破,不过此时贸易商囤积居奇,使得稀土的涨势仍然延续了一段时间,但这段时间已经基本属于有价无市。一些稀土生产企业此时仍被假象迷惑,继续在扩张产能。

进入下半年以后,供过于求的局面终于导致了稀土价格连续三个多月下跌,稀土主要品种价格回落了近50%,而且丝毫没有止跌的苗头。此前产能扩张的效应开始之后显现,市场供需失衡造成价格一落千丈。价格的下跌导致的是整个行业陷入低迷,稀土下游大型企业的利润下滑,资金链紧张的情况非常普遍。WIND统计数据显示,今年第三季度,22家稀土永磁概念的上市公司整体净利润为29.78亿元,环比第二季度下降了0.53亿元,22家企业中,有12家出现了净利润不同程度下降的情形。

3. 目前中国出口的稀土数量居全球之首。稀土是中国最丰富的战略资源,它是很多高精尖产业所必不可少的原料,中国有不少战略资源如铁矿等贫乏,但稀土资源却非常丰富,是国家的宝贵财富。

稀土科研及产业可分为原料、稀土新材料、元器件生产、终端产品四大领域,中国主要集中在前两个环节,后两个环节还非常薄弱。在现有的产业格局下,中国依然只是在充当廉价原材料供应商,欧美厂商从中国进口稀土分离物质后生产出高精技术产品,再返销中国,附加值增长数倍。而目前中国稀土产业的现状,使得企业无心也无力去向下游高端技术领域拓展,中国稀土行业发展受到了严重制约。

然而,现存的大多数稀土生产企业是不具备技术科研和开发能力的,要承担这一重任只有国有大型企业或者有实力的上市公司。因此,稀土被列为需要重点关注的兼并重组行业已经到了刻不容缓的地步。在这方面,作为中国北方稀土的领军企业,包钢稀土给行业树立了典范。包钢稀土早从 2000 年开始,就实行五统一的方式,即"统一计划、统一生产、统一销售、统一采购、统一结算",对稀土产业进行整合。同时,包钢稀土还建立国际贸易公司,做到对外声音一致,基本控制住了北方稀土。

与北方相比,中国南方稀土产业的局面要混乱得多,面临的依旧是老问题:民营企业与国有企业、地方政府与国家战略之间的利益让渡问题。"国进民退"是近年来中国各行业的敏感问题,国家鼓励民企进入垄断行业,又通过国有大企业整合,俨然成为一个悖论。

但是,对于资源类行业,散落在地方的结果必然是无序竞争和严重浪费。中国要提高稀土行业的集中度,使散乱的局面得到根本改观,就必须像力拓和必和必拓对铁矿石的垄断一样,把稀土资源控制在几个大型企业手里,价格由几个企业决定,在对外时可以统一定价。更重要的是可以集中优势兵力,去研发稀土的后端应用产品。不过,在行业低迷的时候,也为行业整合创造了条件,国土资源部屡屡强调要严格加强对稀土行业生产的监管,接连不断的行业政策向稀土行业倾斜,中长期将有利于包钢稀土、广晟有色等稀土生产企业业绩稳定增长。从"十二五"期间新材料的发展前景来看,国内稀土磁性材料的需求仍保持增长态势,产业链整体走向良性发展之路或可期待。

4. 从市场表现来看,前期稀土价格的暴跌导致稀土股严重超跌,但从中长期来看,稀土的战略资源位置依然非常重要,尤其在世界经济低迷的现阶段,各国都寄希望于发展新兴产业来带动经济增长,这为稀土行业的发展带来空间。而国内对稀土企业的环保核查,则有利于规范行业秩序,稳定稀土价格,从而进一步提高行业集中度,对行业内龙头公司带来实质利好。

重点推荐包钢稀土、广晟有色。作为纯正的稀土股,是北方轻稀土和南方中重稀土的代表,虽然首批未能进入环保核查合格名单,但作为重要的上市公司应该不存在障碍,只是第几批的问题。包钢稀土在北方的寡头低位已经确立,广晟有色在南方稀土三甲企业的竞争中具有很大优势。目前该两股均处在严重超跌状态,较为充分地反映了未来的价格下跌预期,投资风险不大。

(三) 观察概念板块上涨的周期和持续时间

任何上涨都不是永远的,概念板块更是如此。但一般来说,趋势性上涨和趋势性下跌的时候的概念板块的上涨持续时间是不一样的;而趋势性走势时和盘整走势时的上涨持续时间也是有很大差异的。

本实验观察实验阶段(无论是趋势性走势,还是盘整走势阶段)的概念板块持续上涨的时间,注意划分出上涨和整理,再上涨和再整理……各个阶段的持续时间。

笔者的经验数据(非统计数据)是:牛市时,概念板块的上涨总持续时间会很长,一般都超过 2～3 个月;而熊市时的概念板块上涨持续时间通常都小于半个月,甚至只有 2、3

天的时间。要观察概念板块首轮上涨之后的整理时间长度,看看不同长度下的成交量的特征。

(四) 观察概念板块的轮动特征

概念板块的轮动,无论在牛市,还是熊市都会出现,但板块有着牛熊市的不同特点。一般来说,牛市时,概念板块的上涨会持续性进行,接力概念板块并不会引起原来概念板块的休息,所以,牛市时的概念板块是一轮一轮地大幅上涨,相互刺激互为动力;而熊市时,概念板块是维护市场人气的主要抓手,但因为是熊市,过分的上涨就会引起市场投资者对它的抛售,压制市场的平衡。因此,一个概念板块上涨一段时间后,另一个概念板块会取代其地位,成为龙头板块,而原来的板块会进入盘整、回调、洗盘的阶段,这些动作完成后,原来的概念板块有可能再次回归热点,引领下一轮反弹,所以,熊市时的概念板块是此起彼伏的轮番反弹。

请根据现在市场所处的位置,对概念板块的以上特点进行观察,寻找概念板块轮动的特征。

1. 板块的轮动都会按照最新的国家和行业发展情况,新的社会现象,新的国家政策,板块新题材,以及主力对市场和政策等预测上涨或下跌,不会出现排队轮动的现象。

2. 不同时间启动的板块,其持续能力不一。一般来说,率先启动的板块,其持续时间比较长,反弹能力也会比较大,而后启动的板块持续时间和力度会比较弱,尤其到后期,某个突然启动的热点可能是昙花一现。

3. 行情启动初期,确定热点板块有一种简单方法,就是热点板块先于大盘见底,拉动大盘见底上涨。

4. 当行情处于涨升阶段,市场的热点会比较集中,增量资金也多汇集在几个重点板块,从而带动市场人气,吸引更多资金,推动行情进一步发展。

5. 行情涨升阶段捕捉龙头板块,可以通过盘面和成交量捕捉热点板块。一般来说,在大盘涨幅榜前列,出现某一板块有三只以上股票或者当天三只以上股票底部放量上攻,可能成为热点板块。

6. 板块轮动的传导现象。热点板块轮动尤其是在涨升阶段会出现明显的传导现象,带动其他板块活跃。例如房地产板块的持续升温会带动建材、钢铁等板块的活跃。

7. 当各板块轮番活跃过后,会有一次再度轮回的过程,但是此时的持续力度和时间都会减弱,轮动的速度也会加快。

8. 在板块轮动的后期,轮动将加大投资者的操作难度,影响资金的参与热情,对大盘的反弹形成负面效应。

(五) 观察概念板块的炒作节奏

概念板块更多的是炒作,中国目前市场背景下,炒作还依旧是一种主要投机手段,所以,不能因为炒作的存在,我们就讳忌忌医,关键是需要体会和把握好概念板块的炒作节奏。

基本上说,等待板块内的冷门股都开始上涨的时候,就是概念板块炒作接近尾声的时候。

各个不同阶段适合的概念股表现类型如下:

1. 缩量震荡——小盘股

大盘稳健但能量不足时是小盘股的活跃期,因大盘能量不能满足规模性热点的施展,所以个股行情"星星点火",其中又以小能量下小盘股行情更为靓丽。由于小能量难以满足行情的持续性,故小盘股行情往往涨势较迅捷,持续周期较短,适于短线操作。

2. 突发利好——次新股

无论大盘处于什么状态,若遇突发性重大利好公布,往往是价低次新股的活跃期。因为老股中往往有老资金进驻或者受困,新资金即不愿为老资金抬轿,更不愿为老资金解套。所以,重大利好公布后,上市不久的次新股群往往成为新资金"先入为主"的攻击对象。

3. 调整时期——庄股

大盘调整时是庄股的活跃周期。由于市场热点早已湮灭,庄股则或因主力受困自救,或是潜在题材趁疲弱市道超前建仓……疲弱市道中的庄股犹如夜幕中的一盏盏"豆油灯",虽不能照亮整个市场,也能使投资大众不至于绝望。

4. 波段急跌——指标股

大盘波段性急跌后是大盘指标股的活跃期。

5. 调整尾声——超跌低价股

大波段调整进入尾声后是超跌低价股的活跃期。因为前期跌幅最大的超跌低价股风险释放最干净,技术性反弹要求最强烈。由于大势进入调整的尾声,尚未反转,新的热点难以形成,便给了超跌低价股表现机会。

6. 牛市确立——高价股

牛市行情确立是高价股的活跃期。高价股是市场的"贵族阶层",位居市场最顶层,在大盘进入牛市阶段后,需要它们打开上档空间,为市场创造牛市空间,给中低价股起到"传、帮、带"的作用。

7. 休整时期——题材股

大盘休整性整理是题材股的活跃期。因为休整期市场热点分散,个股行情开始涨跌无序,增量资金望而却步,只能运用题材或概念来聚拢市场的视线,聚集有限的资金,吸引市场开始分散的动量。

8. 报表时期——"双高"股

年(中)报公布期及前夕是高公积金、高净资产值股票的活跃周期。因为这样的公司有股本扩张的需求和条件,有通过高分红来降低每股净资产值的需要。在股市开始崇尚资本利得和低风险稳定收益后,高分红也已经成为市场保值性大资金的宠爱。

【实验步骤】

1. 寻找近期的主要概念股板块;

2. 对近期的概念股板块的市场表现进行描述性表述；

3. 对近期概念股板块的龙头股进行分析，寻找它们成为龙头的理由；

4. 学习撰写概念股板块的分析文章；

5. 对概念板块的未来市场趋势进行预测，并在未来时间对预测结果进行检验。

【实验报告】

实验科目	证券投资概念板块分析		
实验时间		实验地点	

实验要点：

　　1. 进入证券交易分析软件系统，进入 61 和 63 快捷键页面，对涨幅排名前列的股票逐一进行分析，对它们进行归类，发现概念板块的踪迹；

　　2. 进入各大财经门户网站，搜寻概念板块的股评分析文章或报告，并针对今日的概念板块，学习写作一篇 500 字左右的分析报告；

　　3. 对近期出现的概念板块的节奏进行分析，做出投资建议。

实验内容记录：

　　本实验内容记录要求根据本实验课学习和练习的内容，完成以下内容：1. 浏览证券投资交易分析软件中的 61 或 63 快捷键下涨跌幅信息，写出主要概念板块的名称和其龙头股票；2. 选择一个概念板块进行分析，写出 500 字左右的分析报告；3. 对近期的若干概念板块的轮动节奏做出预测，并写出具体的操作建议。（本预留页面不够的，可以加页）

续表

分析和讨论：

续表

实验中遇到的问题和收获：
实验完成情况：

指导教师签名：
日 期： 年 月 日

实验六　投资如何选股和选时

【实验目的】

投资分析的重要任务是选择具体的投资对象——"选股"和选择具体的投资买卖时机——"选时"。关于投资选股和选时，投资界最常见的两种说法是"基本面选股，技术面选时""选股不如选时"，前者是说不同分析方法的侧重点，后者则说中国炒作背景下时机的重要性。

在实际投资中，基本面分析和技术面分析都可以成为选股的依据，也都可以成为选时的依据，问题的关键是选股和选时的策略与投资的策略要相匹配。换句话说，正确的选股和选时并非一定，而是要根据投资策略做出相应的改变。因此，投资分析中，选股的技术手段和方法不是选股本身，而是选股的对象；选时的技术方法不是时机把握本身，而是谁要选时。

股票选择能力（选股能力）和市场选择能力（选时能力）是评定投资能力高低的两个重要方面。所谓选股能力，是指投资者对个股的预测能力，能够买入价格低估的股票，卖出价格高估的股票。所谓选时能力，是指投资者对市场整体走势的预测能力，能够在牛市时候，动用较多的资金购买股票，熊市市场提高现金资产的比例。

那么，对一个缺少投资经验，又没有受过专业培训的普通投资者来说，很难在短时间提高选股能力与选时能力。因为即便对业务娴熟的基金经理来说，在选股和选时上也很难不犯错误。

本实验是要通过具体的选股和选时分析，让学生了解区别不同"收益—风险—流动性"风格的投资者不同选股方式。换句话说，投资分析成败的另一个关键是对投资者的分析，目前的金融学课程体系中并未有涉及这项内容的课程或者内容，通过本实验，给学生们一个重新审视选时投资和选股投资的思考空间，为今后实战分析打下更好的基础。

【实验原理】

原理之一：基本面选股的选股视角

1. 流通市值与持股周期的匹配。一般来说，不同持股周期意味着对持股风险的看法，大致分为短线持股（风险性持股）、中线持股（风险适中持股）和长线持股（风险较低持股）三类。短线持股通常是流通市值较小的股票（譬如流通股本在5 000万股以下，或流通市值在25亿元之下）；中线持股通常是流通市值中等的股票（譬如流通股本在5亿股以下,或流通市值在100亿元以下);长线持股则可以持有流通市值较大的股票(譬如流通股本50亿股以上,或流通市值在500亿元之上的股票)。

市值选股主要与中国A股是炒作的市场背景有关,炒作资金是一个瓶颈,小市值的有利于股价波动,大市值的有利于股价稳定;小市值股票有利于散户介入,有利于股本扩张,因而会受到短线投资者追捧。

2. 市盈率的影响

市盈率是个神奇的指标,国外成熟市场的市盈率与中国市场的市盈率完全不同;主板市场的市盈率和创业板、中小板市场的市盈率完全不同。

一般来说,市盈率越低,越有利于股价上涨,市盈率越高,泡沫成分越大。但是,你会发现一些中小板、创业板的股票市盈率已经非常高(譬如100倍),它们的股价却还会出现大幅上涨;而一些主板市场的股票已经低于10倍,甚至只有3~4倍,但股价就是稳住不涨。可见,常见的市盈率指标似乎是一个没有选股价值的指标,但其实我们关注市盈率是要关注市盈率变化的可能性,而不是静态观察市盈率。换句话说,如果股票没有成长性,那么市盈率指标的要求就会很低,而如果股票成长性很好,市盈率高些反而说明看好该股未来的人数较多。

3. 盈利能力及其变化

盈利能力主要是观察上市公司利润的动态变化。一种情况是每年净利润都会以50%甚至100%的速度高增长,这就会是好股,此时如果股本不扩张,那么股价就会上涨;如果股本扩张,那么每股的股价就不会因为扩张而稀释股价。另一种情况是由于重组等原因,上市公司的业绩大幅增加,这个时候需要关注导致业绩增长的真正原因;主营盈利能力的变化是上市公司盈利能力的重要表现之一,需要动态观察。

要特别注意,一般只有每年的年报才是具有相对客观的盈利能力的判断数据,这是因为所有的年报都需要经过注册会计师的审计之后才能对外发布,而季度报告和半年报告,除非特殊需要,是不做审计的,因而其数据并不一定可靠。

4. 高送转配的潜在可能性

A股与成熟市场的一个非常大的在分红方式上的不同是,A股投资者特别喜欢高送转配的题材,虽然高送转配本身并没有改变上市公司的基本面状况,但高送转配给投资者带来填权行情的可能性。

送、转、配的潜在可能性在于公司具有这样的能力。送红股需要有巨大的未分配利润和相应的稳定增长的能力;转股类似于送红股,只是其资金来源来自于资本公积和盈余公积,所以,只有每股公积金较多的才具有送转的可能性;配股虽然需要投资者自己拿出钱来参与配售新股,但只有具有好的项目储备、有成长性的次新股才可能进行配股。

无论何种方式的股本扩张,都会带来股价的变动。我们要关注低市值—高股价—高成长的上市公司的股票。

5. 公司业务市场前景广阔的公司

市场份额小但成长性好的公司、市场份额大但市场非常稳定的公司都会成为市场业务前景广阔的上市公司,在选股时需要特别关注。

原理之二：不同类型投资者的选股原则

根据投资组合中高风险股票所占比重，我们可将投资者分成激进型、稳健型和进取型。

1. 激进型投资者选股之招：激进型投资者的目标是尽量在最短的时间内使其投资组合的价值达到最大。因此，其投资对象主要是震荡幅度较大的股票。在选择激进型股票时，投资者通常都运用技术分析法，认真分析市场多空双方的对比关系、均衡状态等情况，而不太注意公司基本面的因素，并以此为依据做出预测，选择有上升空间的股票。一般而言，激进型股票的选择有几条标准可作为参考：① 以往表现较为活跃；② 最好有市场主力介入；③ 有炒作题材配合；④ 量价关系配合良好；⑤ 技术指标发出较为明显的讯号。

2. 稳健型投资者选股之招：稳健型的投资者都很强调本期收入的稳定性和规则性，因此，通常都选择信用等级较高的债券和红利高而且安全的股票。所以，选股时应把安全性当做首要的参考指标，具体可注意以下几个方面：① 公司盈利能力较为稳定；② 股票市盈率较低；③ 红利水平较高；④ 股本较大，一般不会有市场主力光顾。

3. 进取型投资者选股之招：进取型是介于激进型和稳健型之间的一种投资心态，通俗地讲，就是要在风险尽可能小的前提下，使利润达到最大化。当然，其风险系数要高于稳健型投资者，而低于激进型投资者。进取型的投资者在选择股票时，可以采用基本分析法，深入了解各公司的产品经营特点、需求状况、竞争地位以及管理水平等情况，并以此对各公司的盈利和红利做出预测，从而根据各股票的内在价值与市场价格的对比，选择价格被低估的股票。可参考以下几点进行分析：① 盈利和红利的增长潜力大；② 红利水平较低；③ 预期收益率较高；④ 盈利增长率较高。

原理之三：量价应用基本法则

许多投资者对于成交量变化的规律认识不清，K线分析只有与成交量的分析相结合，才能真正地读懂市场的语言，洞悉股价变化的奥妙。成交量是价格变化的原动力，其在实战技术分析中的地位不言自明。

1. 在涨跌停板制度下，如股票出现第一个无量跌停，那么后市仍将继续跌停，直到有大量跌停出现才能反弹或反转；同理，如出现股票第一个无量涨停，那么后市仍将继续涨停，直到有大量涨停出现才能回档或反转。

2. 放量总是有原因的：在高价区有些主力往往对敲放量，常在一些价位上放上大卖单，然后将其吃掉，以显示其魄力吸引市场跟风眼球，或是在某些关键点位放上大笔买盘，以显示其护盘决心大，凡此种种现象皆为假象，从重心真实的升降即可辨别。若是在低位出现对敲放量，说明机构在换庄或是在准备拉高一波行情，可以择机跟进。

3. 在股价长期下跌后成交量形成谷底，股价出现反弹，但随后成交量却没有随价格的上涨而递增，股价上涨缺乏再度跌至前期谷底附近，有时高于前期谷底，但出现第二谷底成交量明显低于第一谷底时，说明也没有下跌的动力，新的一波上涨又要起来，可以考虑买进。

4. 下跌的时候无论有量无量，只要形态(移均线、趋势线、颈线、箱体)破位，均要及时止赢止损出局。

5. 高价区一根长黑,若后两根大阳也不能吞没,表示天价成立,应及时清仓;高价区无论有无利好利空大阴大阳,只要出现巨量,就要警惕头部的形成。

6. 成交量创历史新高,次日股价收盘却无法创新高时,说明股价必定回档;同样,成交量若创历史新低而价格不再下跌时,说明股价将要止跌回升。

7. 在空头市场中,出现一波量价均能突破前一波高点的反弹时,往往表示空头市场的结束;在多头市场中,价创新高后若量再创新高时,常常表示多头市场的结束,空头市场即将开始。

8. 量价筑底的时间愈久,则反弹上升的力度高度愈大,所谓"横有多长竖有多高"。

9. 量价分析对小盘袖珍全控盘庄股短线分析不适宜,但中长线还是无法脱离量价分析系统的。

10. 观察量的变化一定要和K线趋势和形态相结合。

11. 成交量是股票市场的温度计,许多股票的狂涨并非是基本面出现实质的变化,而是短期筹码市场供求关系造成的。

12. 上升趋势中出现的相对地量,股价回落至重要均线(5日,10日,30日)处,往往是极佳的短线买点。

13. 成交量的大小决定个股除权前是否抢权,初期后是否填贴权;除权后若成交量放大拉阳线有填权行情;无量或减量往往出现的是贴权。

14. 黑马股的成交量变化在底部时一般有两种特征:一种是成交量在低位底部从某天起突然放大,然后保持一定的幅度,几乎每天都维持在这个水平,在日线图上股价小幅上涨,下跌时常常出现十字星状;另一种是成交量从某一天起逐步放大,并维持这种放大趋势,股价常常表现为小幅持续上涨,说明主力已没有耐心或时间来慢慢进货,不得不将股价一路推高边拉边吸。

15. 在股价底部盘整的末端,股价波动幅度逐渐缩小;成交量萎缩到极点后出现量增,股价以中阳突破盘局,并站在10日均线之上;成交量持续放大股价续收阳线,以离开底价三天为原则;突破之后叠合的均线转为多头排列。此为最佳的短中线买入点,也是量价均线配合的完美样本。

原理之四:选股不如选时

买股票主要是买未来,希望买到的股票未来会涨。但任何股票都有业绩好和业绩不好的时候,也有股价上涨和下跌的时候,因此无论选择了多么好的股票,都有一个何时介入的问题。

譬如牛市初期,即使选择的股票差一些,只要大胆介入并持有了,也都会有股价上涨盈利的时候,但如果是在熊市初期,即使选择了非常棒的股票,也常常因为大盘大幅持续回调而拖累个股,导致买入的股票被套,甚至深度套牢。所以,在股市波动的状况下,选择股票的"选股"比"选时"更加重要。

按照一般的技术面分析,常见的有利于买卖的时间点如下:

1. 股价稳定,成交量萎缩。在空头市场上,大家都看坏后市,一旦有股票价格稳定,量也在缩小,可买入。

2. 底部成交量激增,股价放长红。盘久必动,主力吸足筹码后,配合大势稍加力拉抬,投资者即会介入,在此放量突破意味着将出现一段飙涨期,出现第一批巨量长红宜大胆买进,此时介入将大有收获。

3. 股价跌至支撑线未穿又升时为买入时机。当股价跌至支撑线(平均通道线、切线、甘氏线等)止跌企稳,意味着股价得到了有效的支撑。一般来说,甘氏45度线支撑力度最大,如跌不破45度线,日后上升的幅度可观。

4. 底部明显突破时为买入的时机。股价在低价区时,头肩底形态的右肩完成,股价突破短线处为买点,W底也一样,但当股价连续飙涨后在相对高位时,就是出现W底或头肩底形态,也少介入为妙,当圆弧底形成10%的突破时,即可大胆买入。

5. 低价区出现十字星。这表示股价已止跌回稳,有试探性买盘介入,若有较长的下影线更好,说明股价居于多头有利的地位,是买入的好时价。

6. 牛市中的20日移动均线处。需要强调的是,股指、股价在箱体底部、顶部徘徊时,应特别留意有无重大利多、利空消息,留意成交量变化的情况,随时准备应付股指、股价的突破,有效突破为"多头行情""空头行情";无效突破为"多头陷阱""空头陷阱"。

……

以上各种买卖点的实际把握,一定不是这样教条式简单的内容,需要全面正确地获得对时机把握的感性和理性认识,这需要学习的时间。

原理之五:常见错误选股选时思路

1. 有人根据K线图,分析该股未来将如何表现。其隐含的前提是:他是个聪明人,他可以根据现有的K线图来预测未来的走势。这是一种"伪科学",揭穿它很容易:拿出他所不熟悉的市场或股票的过去走势图,以任何一天为截止日,让他预测10~30只股票的未来走势图,当场就可以判断出他的水平高低来。

2. 有人根据K线图,结合几种技术指标,给别人分析股票未来表现如何。其隐含的前提是:K线图加上几种技术指标,可以预测未来走势。这同样是荒谬的,揭穿它也很容易,用前述方法即可。当然,有的人用的技术指标是自己发明或修改的,那么,他必须告诉别人,这个指标的历史准确率是多少,然后,在概率的基础上来做分析。如果指标不是独特的,而是市场公用的,其准确度一定不高于50%。

3. 有人在电台、电视台、网络或其他场合做节目的时候,接受别人的咨询,快速回答股票的未来可能趋势,并提出操作意见。其隐含的前提是:这个人比别人聪明,他可以知道几乎所有股票的基本面、技术面的情况,他几乎了解所有人的投资心理和投资思路,他几乎完全可以替代别人去操作。他对任何情况都可以在几分钟甚至几秒钟内做出正确的决策!要达到这种境界,恐怕只有神仙了。因此,对这种节目,可以完全不听不看。

4. 有人根据成交量变化情况设计了选股系统,对外推销。其隐含的前提是:成交量与股价未来变化情况成正相关。而这个前提,已经被无数次事实证明是错误的。成交量变化与股票未来的走势无关。在股票的价格、成交量因素中,成交量的虚假成分更大,可参考的意义更低。因此,任何以成交量为重点的选股系统,有效性都不高。

5. 有人以某种技术指标多么神奇为号召,对外推销其指标或招徕会员。其隐含的前提是:这种指标是独家发明,因此,有效性高。事实上,任何指标,不管是谁的发明,也不管是否公开,只要是"一个"指标,它的可靠性都非常低。实证分析已经表明,多种指标的准确率相对高于"一种"指标。此外,任何指标,只要"公开"在使用,即使它是在很少的范围内使用,比如几百人甚至几十人,从"公开"的那一天起,它就失去了使用价值。股市中,什么是好的指标?没有公开的、只属于私人独自使用的指标才是好指标。

6. 有人以"龙虎榜"为参考,选股操作。其隐含的前提是:大主力机构一定能赚钱,或赚钱比别人多。这个前提本身就是错误的,大机构并不一定能赚大钱,事实上,大机构盈亏的概率与散户盈亏的概率差不多。大机构在选股、操作的各个环节比散户都无特殊优势,唯一的优势是风险控制能力相对比较强。用"龙虎榜"选股,若不经过实证分析,操作到最后一定是亏损的。

7. 有人以"内幕交易"的信息为参考,选股操作。其隐含的前提是:利用内幕消息能赚钱。这与效率市场的结论相悖。事实上,内幕交易者并无盈利的优势。研究甚至表明,即使上市公司董事长个人买卖自己公司的股票,就长期而言,同样无法获得超额收益。而投资者个人在对内幕消息做判断的时候,还有辨别真假的问题。因此,听小道消息、内幕消息做股票,无法稳定地获取收益,风险反而大。

8. 有人以"某大机构操盘手"为号召,给人代理操作或推荐股票。其隐含的前提是:操盘手水平高。而操盘手就是"机器",就是要不折不扣地执行决策人的意见。操盘手自己是不允许有充分思想的。跟操盘手去做,与跟大猩猩去做,盈亏状况差不多。

9. 有人以"某年大奖赛的冠军"或者"几连霸"的身份为号召,给人推荐股票或代理操作。其隐含的前提是:因为以前成功,所以以后也成功。事实恰恰相反,以前的过分成功,反而意味着投资者应回避他,防止他出现状态的回波反应。在投资操作的历史上,永远没有"常胜将军",过去永远无法代表未来。

10. 有人以"洋面目"出现,来指导投资和操作。这里隐含的前提是:外来的和尚会念经。其实,在念经方面,本地和尚与外地和尚无大的差别。所谓"美国操盘手"等都是些无用的外衣,实践证明,他们在本土常常亏得一塌糊涂,才出来淘金。他们在中国操作一段时间之后,也照样会亏得很惨。

11. 有人以"某大机构""某权威机构""国家某部门""某类人"的代言人身份出来发言,或写文章,或推荐股票,或指导操作。这里隐含的前提是:他们是权威、专家。事实上,股市中永远没有权威、永远没有专家。任何人说的任何话,无论是代表自己还是代表所属机构,都只是股市中的一个声音,这个声音的准确率,从总体来说,一定不高于50%。甚至越是这种声音,其准确率越低,因为它常常代表了投资大众的心理,而投资大众的思路,整体上是错误的。市场将会反复证明这一点:大多数投资人是错误的。

12. 有人以"某某书的作者""某某软件的开发者"的身份出来讲课、推荐股票、指导操作。其隐含的前提是:因为曾是高手,所以现在还是高手。却不知道凡是公开的,都是无价值的。

13. 有人说某公司经营管理如何如何好,由此推荐股票——错!要知道,好公司的股票一般不太好。

14. 有人说某某集团如何如何好,由此推荐某股票——错!集团好,不等于股份公司好,反之也一样。

15. 有人说某行业如何前景好,由此推荐某行业的某股票——错!行业好,不等于行业内公司都好,即使行业内的公司好,也未必其股票仍然好。

16. 有人说某股票如何便宜,由此推荐某股票——错!便宜的未必有好货,不便宜的未必都是好货。

17. 有人说某股票跌幅已经巨大,超过50%或者更多,由此推荐某股票——错!有的股票可以跌去99.99%。

18. 有人说某类股票都涨了只有某只股票未涨,由此推荐该股——错!有的股票可以在一轮特大牛市中大跌。

19. 有人说某股票是某机构承销的,或者某机构套住的,或者某机构推荐的,因此推荐该股票——错!该机构要向市场低头。

20. 有人要传授选股票的秘诀——错!股票的秘诀只在自己心中。

【实验内容】

(一) 对近一段时间的股票进行观察,从行业竞争优势进行选股

纵观欧美股市的发展,能够长期战胜通货膨胀和指数的优秀企业,大体上都集中在一些金融、消费行业中,究其根本这是由经济发展总趋势与行业相对竞争优势决定的。投资这件事,最重要的并非是寻找绝对优势,寻找相对优势才是根本。

一个行业的兴盛与衰亡、一个企业的兴盛与衰亡,起决定作用的是其文化属性。

工业时代,汽车、钢铁业具备着迅猛发展的大趋势;信息时代,IT科技、网络经济具备着迅猛发展的大趋势;工业时代、信息时代,都客观地掀起了全球经济发展的大潮,金融业始终都伴随着经济发展而不断地前进。工业时代,成长的骄子毋庸置疑是那些工业之花,而金融业仅仅是伴随者;信息时代,成长的骄子又转变成那些名字奇怪的IT公司,而金融业依然仅仅是伴随者,但是,如果综合看整个工业、信息时代,金融业是真正的王者。未来50、100、200年,依然会崛起一代代经济骄子,但我们几乎可以非常肯定地下一个结论:没有任何一个行业的综合竞争实力将超过金融业,因为它们都不够古老与顽强。

行业相对竞争优势的比拼,是一个很深远的话题。一个卓越的投资者,应该深晓其中的奥秘。

选股,首先就要选行业,行业的长期相对竞争优势极其重要。我们如果跟随时代的发展,选择一个阶段的经济浪潮中的骄子,我们就应该明确地意识到整个行业的时空属性,不要迷恋于虚幻的幻想中,把自己的投资根基扎在一个长期具备相对竞争优势的行业中,这是最为稳妥的策略方式。

(二)对近一段时间的股票进行观察,从企业相对竞争优势进行选股

在一个行业中,参与竞争的企业数目众多,谁能够长久胜出,这是由企业相对竞争优势决定的。

对于企业相对竞争优势分析,巴菲特的护城河理论是最经典的克敌制胜的法宝。巴菲特本人对护城河理论并没有撰写著作进行详细的阐述,但是,证券投资界有很多人在孜孜不倦地探索着其中的奥秘。到目前为止,对护城河理论把握和推广得最为精准的应该就是美国顶尖评级机构——晨星公司,它在利用护城河理论对证券评级方面有着丰富的经验。

晨星认为,护城河一般具有以下几个特点:

1. 企业拥有的无形资产,如品牌、专利或法定许可,能让该企业出售竞争对手无法效仿的产品或服务。

2. 企业出售的产品或服务让客户难以割舍,这就形成一种让企业拥有定价权的客户转换成本。

3. 有些幸运的公司还可以受益于网络经济,这是一种非常强大的经济护城河,它可以把竞争对手长期地拒之于门外。

4. 有些企业通过流程、地理位置、经营规模或特有资产形成成本优势,这就让他们能以低于竞争对手的价格出售产品或服务。

在我们讨论的所有竞争优势的来源中,无不集中于一点——价格,或者说,企业到底能从客户身上榨取多少油水。无形资产、转换成本和网络效应,都可以让企业对相同的产品或服务收取高于没有这些优势时的价钱。当然,和价格对应的就是成本,因此,企业可以通过低于竞争对手的成本,在自己的身边挖一条护城河。

(三)对近一段时间的股票进行观察,从长期投资角度进行选股

在具备相对竞争优势的行业中,寻找具有相对竞争优势的企业,这是一种极为稳妥的长期投资策略。

投资本身对抗的就是风险,对于一个具有长久成长发展空间的确定性很强的行业、企业来说,长期股权投资的战略性意义才会真正地凸显。

投资这件事倾向于长期集中于优势行业,并且集中于该行业中具备相对竞争优势的企业。这种策略方式从长远看具备明显的低风险、高收益能力。这种方法,可能会出现中短期的收益能力低于其他高成长股策略方式,但是,以更长远的目光来看,强势行业强势股注定会在长期投资中胜出。

(四)请比较以上三种视角选出的股票的差异

(五)根据盘面观察,认识以下选时策略

提到选时策略,很多价值投资者可能会有质疑和争论。分歧大体上集中于以下两大

方面：

① 是否需要选时？

有的价值投资者认为，价值投资不需要选时。只要基于理性的估值之后，在一个主观认可的安全边际下买入。至于卖出选时，有的人认为，永远不需要卖出。

② 如何选时？

认可选时的投资者，可能有很多的策略方式。不同的投资者对选时采取的策略原则又千差万别，通过技术分析、趋势分析、心理分析，甚至经验、感觉，可以说每个人都有一套自己的选时策略。

1. 行业发展趋势与周期性选时

行业发展的趋势以及所处行业经济发展周期选时，这对于投资者来说是至关重要的。

对于所投资行业发展的总趋势要有一个清晰的认识，有些夕阳产业，本身的行业整体成长速度与空间已经被限制在一个稳定的区域里。对于这类行业，投资者就不能盲目地施加高成长预期。这种行业相当多，绝大多数上市公司都属于此类。我们要选择那种行业相对优势比较明显的企业进行长期股权投资，对于不具备行业相对竞争优势的，我们大体上都要采取超低买入、回归卖出的方式，不适合进行长期股权成长价值投资。

行业所处经济发展周期选时，这对于投资者来说也是至关重要的。类似钢铁、造船、航运、有色、证券，这些行业，他们的经营业绩对行业本身所处经济发展周期是非常敏感的。投资者在选择行业时，必须要注重该行业的周期特点。这种选时，从某种意义上讲，其重要程度可以说是排在首位的。对于弱周期行业，也要注意行业的发展特点，对于大的经济发展环境来说，没有绝对的弱周期。所有行业都要服从于经济发展总趋势、总周期的影响，所谓的弱周期仅仅是相对于别的强周期行业来说的。我们始终要意识到，我们所谈论的行业竞争优势都是相对的。

2. 企业发展趋势与周期性选时

由于企业服从于行业的总体发展趋势与周期，如果我们能够准确地把握行业的发展趋势与周期，就有能力对企业进行准确的把握。在选择相对合理与优势的行业之后，在行业中进行企业相对竞争优势分析，分散投资处于竞争优势前沿的企业，并进行长期跟踪与实践，必定会取得合理的投资回报。

对于企业的成长价值的分析把握，实际上就浓缩在行业的成长发展趋势以及企业在行业内的相对竞争优势分析中，从价值的角度来审视企业，其实更多的就是在进行行业、企业相对竞争优势分析。

3. 市场整体交易选时

绝大多数投资者都喜欢研讨市场整体交易选时，很多所谓的价值投资者往往都流连于抄底、逃顶，即使用再多的语言来粉饰，其行为都难以摆脱这种惯性思维。

对于市场大盘整体走势来说，群体性的心理趋势往往起着决定性的作用。投资者的群体性心理崩溃与群体性心理亢奋，伴随着政策、经济环境、媒体宣传等诱发因素，不断地周期性上演着。虽然客观存在着上述两种以企业发展基本面为主的价值决定因素，但是,对于市场整体交易选时来说,市场整体情感的博弈是处于统治地位的。

在价值的表面,价格、心理博弈始终都在不断变幻中决定着市场的红红绿绿、牛熊更替。

真正的价值投资者,不能对市场分析因素置若罔闻,这是不客观的。价值投资者应该清晰地认识到,价值与价格之间的辩证关系,应该精通市场心理因素对价格整体的巨大影响。

索罗斯的反身性理论比较完整地阐释了这种在证券市场中普遍存在的价值与价格的关系。卓越的价值投资者应该对市场分析与价值分析之间的辩证关系心知肚明,能够有效地利用市场的非理性,依托价值基础,对价格的形成分析有自己一套独到的见解与实践方法。

针对市场整体交易心理进行选时,是一种初级阶段。

寻找大盘的底部与顶部,并不等于能够寻找到个股的底部与顶部。但是,能够相对模糊地判断底部与顶部,对提高投资成绩是有很大帮助的。

需要强调的是,这里面提到的任何市场分析,都不应该脱离背后的价值因素,对于始终处于相对高成长的内在价值来说,顶部都在遥远的未来。价格与价值的割裂是投资者进、出的判断依据,但是要掌握其中的度,要有客观准确的判断标准,不能脱离实际。

4. 个股交易选时

个股的交易选时,是至关重要的。市场往往会对价值基本面没有产生重大变化的个股,施加极为偏差的价格波动。

这种短期的非理性因素爆发的时刻,是卓越的价值投资者进场的最佳时机。我们几乎会经常看到这样的情况。出于对行业以及企业的熟悉与了解,价值投资者往往能够一眼就看穿短期的政策或突发性事件对个股创造的非理性机遇。此时,往往并没有伴随着大盘的底部产生,但是却常常砸出个股的阶段性底部。价值投资者应该表现得稳、准、狠,对于市场提供的个股交易选时良机不放过。

个股交易选时的地位非常重要,价值投资者应该正视其在自己投资体系中的重要地位。在充分把握价值因素之后,依然要时刻对个股的非理性反身性处于高度重视的位置。黑天鹅的诞生,对于相对竞争优势并未丧失的优质企业来说,就是美妙的时刻,这是创造投资效益的法宝。

综合上述的四点,选时这件事始终都存在着价值分析与市场分析这两大因素,价值分析与市场分析是缠绕在价值投资者心中的两种思维。

【实验步骤】

1. 根据上市公司基本面和技术面,分别假定自己(投资者)是激进型、稳健型和进取型,进行短线、中线和长线的选股分析,分别选出至少各一只股票(即至少9只股票);
2. 观察股票的分时图,做出买卖时点的决策分析,给出理由;
3. 思考选股和选时的差异、重要性和难度,写出300字的体会。

【实验报告】

实验科目	投资如何选股和选时	
实验时间		实验地点	

实验要点：
  1. 进入证券交易分析软件系统的 F10 功能页面，初步选出基本面的适合投资股票，在对选出的备选股票(粗选)，进入交易所或上市公司网站，研究其基本面，选定基本面适合投资的股票(精选)；
  2. 进入证券交易分析软件系统，对近一阶段盘面表现较好的股票进行技术面的分析，选择技术面适合投资的股票(粗选)，对进入这些股票的时点进行分析和决策，做出买卖时点的分析报告(精选)；
  3. 对近期的短线、中线和长线投资选股和选时进行分析，做出投资建议。

实验内容记录：
  本实验内容记录要求根据本实验课学习和练习的内容，完成以下内容：1. 浏览网页或证券投资交易分析软件给出的热点板块和热点股票、冷门板块和冷门股票，选择可能投资的上市公司，根据投资者类型，进行基本面分析，选出相应的股票，写出选择的主要理由；2. 浏览近期交易系统给出的热点和冷门股票，选择可能的股票进行技术面分析，选择股票，选择买卖时点，写出推荐的理由；3. 写出在选股和选时时的思考和想法，对选股和选时给出一些建议。(本预留页面不够的，可以加页)

续表

分析和讨论：
实验中遇到的问题和收获：

续表

实验完成情况：

指导教师签名：
日　期：　　年　月　日

实验七　技术形态分析

【实验目的】

在"(证券)投资学"和"投资技术分析"这两门课程中,技术形态分析是篇幅很大、地位很重要的一个方面,但在课程理论教学中,技术形态分析常常被解说为一些标准的形态,譬如头肩形、三角形、旗形等,讲解这些标准形态的内容和其技术意义。但在实际的投资中,这种标准形态出现的概率很低,并且即使出现了也不一定有理论上的技术意义的结果。这往往造成学生们对包括技术形态分析在内的投资技术分析的有效性产生怀疑,乃至对投资技术分析产生误解,甚至扩大到认为任何投资分析都没有价值,资本市场价格是随机不可预测和分析的,从而削弱了专业知识和分析技能学习的积极性。本实验就是要从实战分析的角度,重新定位技术形态分析,给学生们的技术形态分析来个化繁为简,提供形态分析的科学思考路径训练,以实现学生们面对复杂多变形态的应变分析能力。

【实验原理】

本实验到实验十的实验内容都是基于技术分析的三大基本前提假设的。

原理之一:市场价格行为包容消化一切

影响证券交易价格的因素有很多,投资分析中要想把握住这些因素,并且进一步根据这些因素影响证券价格变动的程度来进行投资决策,几乎是不可能实现的事情。而技术分析认为,所有能够影响某种证券交易价格的因素,不管它是基础的、政治的、心理的或任何其他方面的,都会反映在其价格之中,这就是"市场价格行为包容消化了一切"。

这个基本前提假设其实是说,一切影响证券价格的新的信息,都会引起对当前价格下证券供求关系的变化:如果需求大于供给,价格必然上涨;如果供给过于需求,价格必然下跌。在基本面分析时,我们正是通过这种信息的变化去探讨带来的供求关系的可能变化,因而供求规律是在分析信息时所有经济预测方法的出发点。技术分析则把这种逻辑关系倒过来看:只要是证券价格上涨,一定是各种利于证券价格上涨的信息导致了当前价格下的证券供不应求,因而我们只要关心价格上涨本身,而不管是什么具体的信息导致了上涨;如果是证券价格下跌,则一定是各种信息带来了当前价格下的证券供大于求,我们可以只观察价格下跌本身,而无需考察基本面上哪些信息导致投资者看淡后市。

归根结底,这个"市场价格行为包容消化一切"的前提假设,是技术分析人士通过证券价格的变化,间接地研究了基本面。这个道理也同时提醒技术分析人士,正是某种证券的供求关系影响因素(即基本面),决定了该证券的涨跌,技术分析所依赖的图表和指标本身并不会导致市场的涨跌,他们只是通过表象简明地显示了市场上投资者对各种信息的或者乐观或者悲观的心态而已。

但正是基于这条前提假设,使得技术分析完全可能脱离基本面的信息,仅仅根据市场上证券的价格、成交量,及其在不同时点上的表现规律来分析预测价格走势。无论是技术分析的图表派,还是指标派,都通常不会理会价格涨落的原因,而只关注价格变动本身。现实中,在普遍存在的信息不对称的证券市场下,在价格趋势形成的早期或者市场正处在关键转折点的时候,往往没有人能够知道都出现或者即将出现什么影响价格的信息,以及影响的程度,投资者可能难以理解市场证券价格为什么会有如此这般古怪的变化。这个时候,根据技术分析得到的结果,往往却是有效的,特别是那些深刻理解技术分析原理,正确使用技术分析技术的拥有丰富市场经验的技术分析人士,其根据技术分析做出的决策有效程度会很高,此时,"市场价格行为包容消化一切"这个前提就越发显出不可抗拒的魅力。

显然,技术分析只关注证券交易价格、交易成交量(实际也包括未成交的委托量),以及在时间坐标上的表现,看起来是一个简单的分析,但那些影响价格变动的信息是复杂的,我们不能因为简化了分析的对象,就错误地将技术分析作为万能的分析工具。实际上,图表分析师和指标分析师,都只不过是通过研究价格图表及大量的辅助技术指标,让市场自己揭示它最可能的走势,而并不是分析师凭他的精明"征服"了市场。

质疑:不对称信息的存在,违法违规信息披露的存在,市场资金量的大小的不同,都会影响信息表现在证券价格上;信息获得时间点的不同,对信息的理解不同,都会影响投资者将信息反映到证券价格上的时间。

结论:单纯根据技术形态进行分析决策的,一般正确概率都比较低。

原理之二:市场价格运行以趋势方式演变

技术分析最核心的分析技术是趋势分析,这是基于技术分析人士认为,市场价格运行会是趋势性的。技术分析的精华是要在趋势转变的早期,及时准确地将它揭示出来,从而改变原先的趋势操作策略。

无论是图表分析,还是指标分析,其全部意义都在于寻求这个趋势变化的拐点,或者指出正处于拐点形成后的初期。当这个拐点没有出现时,技术分析的操作策略基本是维持现状:持股的继续持股,不卖出;持币的继续持币,不买入。事实上,技术分析在本质上就是顺应趋势,即以判定和追随既成趋势为目的。

从"市场价格运行以趋势方式演变"可以自然而然地推断,对于一个既成的趋势来说,下一步常常是沿着现存趋势方向继续演变,而掉头反向的可能性要小得多,所以图形分析时,趋势线就变得非常重要。我们常常在上涨趋势时,画出上升支撑线,只要证券价格不低于这个趋势线,我们就持股等待,不轻易卖出股票;在下降趋势时,画出下降压力线,只要证券价格不高于这个趋势线,我们就持币观望,不急于买入。换句话说,跌破了上升支撑线,有可能是上涨趋势的结束,拐头向下的第一时间就是卖出证券的时间点;突破了下降压力线,有可能是下跌趋势的结束,拐头向上的第一时间就是买入证券的时间点。

"市场价格运行以趋势方式演变"告诉我们,当趋势发生了转变的时候,我们的操作思维应该发生变化,如果我们不改变原有的惯性思维,那么就会发生我们在前面牛市中获得的收益,在后面接下来的熊市中丧失殆尽;或者我们在前面熊市的损失,不能在接下来的牛市挽回损失。这也正提醒了我们在研究分析价格变化的时候,不能以主观上的多(空)去预推后市的多(空),否则,分析将失去客观,从而陷入唯心主义了。

质疑:价格沿着趋势运动的过程会受到外部内部因素影响发生趋势的改变,而这些改变趋势的因素和趋势被改变之间,还存在不同时期不同投资者的不同投资操作的影响,价格拐点表现为"随机性",而寻找拐点才是我们分析的意义所在。

结论:趋势的分析不在于趋势本身,而是寻找拐点。

原理之三:历史会重演

技术分析基于的第三个前提假设是历史会重演。简单地说,过去发生的图形和在指标上的表现,会在后面的图形中和指标上再次表现出来。这种历史会重演的原理根本上在于导致图形生成和指标表现的是背后的证券交易操作者的操作。譬如历史上通过一些特定的价格图表形状表现出来的证券的价格,其实是背后人们对其市场看好或看淡的心理作用在具体的买入或卖出的操作决策中的结果。

但是,"历史会重演"带来的可能还会是进一步的反应。过去这些常见的图形在几百年里早已广为人知,并被分门别类了,作为技术分析常识深入人心。人们也会认为,既然它们在过去很管用,那么现在也会同样管用。这是群体性心理的表现,人类心理从来就是"江山易改本性难移",这些都加重了"历史会重演"的效果。

当然也正是上述心理作用的结果,"历史会重演"一定不是简单地重现。就如同现实中没有完全相同的两片树叶一样,投资者经常在相似的历史变化中寻求投资"真理"的时候,往往会根据能够预测到的结果做出提前的反应,结果历史重演出现大量的变形,这也正是技术分析困难之处。

质疑:所有图形分析都是基于这个历史会重演的假设,但是,历史从来不会真正重演!不同时间、不同地点、不同投资人的心情,都会改变他的操作决策,从而没有完全一样的图形,更没有完全一样意义的图形。

结论:独立的形态分析只会将问题简单化,但风险并没有减小。

原理之四:技术形态分析需要关注其他的细节

技术分析方法有效的前提是历史会重演。但股票的交易是由不同的人在不同的背景下进行的,所以即使重复也绝不是简单的重复。K线组合形态是根据历史走势总结出的一种经验图形,在实战中发生变化是非常正常的,特别是当市场不是一个完全市场的时候,还存在控制市场的少部分投资者利用图形欺骗其他投资者的可能性。

技术分析是概率分析,我们不是追求确定的后市走势,而是寻求一种较大概率的后期走势,K线组合的形态分析同样是这样的。因此在实际的分析中,需要关注K线组合形态的变化,并做出正确判断。

图 7-1 是敦煌种业在 2007 年 6 月至 2008 年 1 月所形成的 W 底的形态。显然,与一般的 W 底形态相比,在第二个底的形成过程中出现了较长时间的横盘,使得底部的尖锐度不够,而第一个底反弹后的高点区域,也经过了较长时间的横盘,所以一次形成的颈线区域形成了较大的阻力,使得向上突破的难度加大了。因此在这种变化形态下,如果向上突破颈线位,完成 W 底的形态,就要求成交量上有比一般 W 底形态更大的量才能形成有效突破,这是我们需要掌握的精神。该股后来的突破出现持续的放量,才有了突破后两个月,股价上涨 100% 的结果。

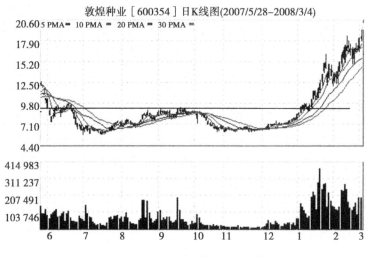

图 7-1 敦煌种业的 W 底走势

【实验内容】

(一) 在交易分析系统中,寻找典型技术组合形态

技术形态主要是对 K 线的分析,K 线分析是最基本的形态技术分析方法之一,一般根据 K 线及其组合的数量多少不同可将 K 线分析分为单体 K 线分析、二根 K 线分析、三根 K 线分析、K 线组合分析、K 线组合技术形态分析等多种分析。实验中,请根据具体情况,寻找比较典型的技术组合形态。

在寻找 K 线组合形态时,需要关注一些细节问题:

1. 实战中的 K 线分析,必须与即时分时图分析相结合,才能真实可靠地读懂市场的语言,洞悉盘面股价变化的奥妙。需要对形成 K 线组合的过程进行判断,以识别是主力故意作的图形组合,还是市场本身的行为结果。

2. 图形分析一定要注意成交量的变化。在中国这样还不成熟的市场,散户和主力的资金和手法是不同的,我们不能用散户的思维去猜测主力的行为,图形分析时尤其需要避免机械运用,因为在交易不活跃的时候,主力很容易作出一个标准但虚假的图形,引诱你上当受骗。所以配合观察成交量就是非常重要的事情了,因为相对来说,成交量最难被主力利用。

3. 图形组合分析时要注意一些图形的差别,但最重要的其实是不要机械地运用图形。任何图形组合的后期走势的分析,都是对过去轨迹的一种经验的总结,而股市的历史可能会重复,但决不会简单重复。因此,注意观测并自己总结一些个股的图形组合也许比经典的图形更加有效。

(二) 在交易系统中,寻找基本技术形态,重点对技术形态的测量意义进行分析

在技术形态中,诸如头肩形、旗形、楔形、三角形、矩形等,除了形态的突破点的技术意义外,非常重要的一点是其具有了未来走势的测量意义。

譬如头肩顶的下跌测量意义:一旦头肩顶形态成立,出现跌破颈线位的形状,那么向下的跌幅通常可以测量,这个最小的距离是头部到颈线的垂直距离,也就是从颈线向下的最小跌幅(图7-2)。

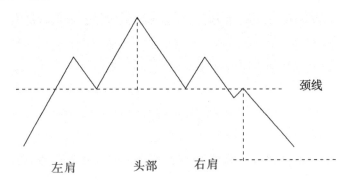

图7-2 头肩顶及其测量意义

(三) 请对上述寻找的各类典型技术形态进行技术买卖的时点的确定,并验证之后走势的正确性,分析为什么会出现错误

在对上述历史的K线图中寻找到的典型的技术形态进行有效性验证。观察按照技术形态分析的理论买卖时点,统计买卖时点假如操作后正确性的概率,据此分析不同概率的原因。

举例:图7-3是广安爱众在2007年3月至7月的走势图。从图中我们可以明显看到一种类M头的形态,但仔细观察你可能会注意到双头的第一头部位置出现过岛型形态(第二个头部的缺口是技术除权出现的缺口)。岛型是反转的信号,出现岛型应该卖出。第一头部出现的时候,股价在5月28日向上跳空,并以光头光脚阳线收在涨幅限制的位置,随后一天股价高开,上冲见到了该股的历史高点后出现回调,当天虽然还是以上涨1.92%收盘,但已经预示头部的到来,接着股价以跌幅限制开盘,虽然盘中回补了一部分缺口,但最后还是留下了一个0.08元的缺口,岛型反转确立,股价出现连续大幅度的下跌。本来阶段性的行情应该就此结束了,然而在连续四天过猛的下跌后,给短线投机者

带来了做反弹的机会,股价快速上涨,反弹过程中不断出现缺口,遗憾的是,反弹没有得到成交量的支持,因而注定是一个失败的反弹,股价在反弹到前一个高点稍下的位置时无力继续,最后形成双头反转形态,该股的行情阶段性结束。

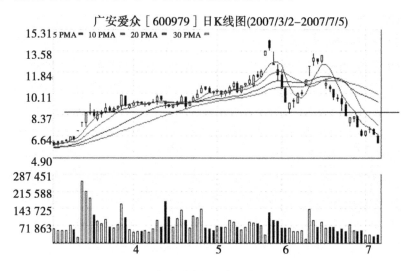

图7-3 广安爱众的历史技术形态分析

【实验步骤】

1. 进一步熟悉了解证券投资分析软件中K线图和其他统计图形——成交量、均线系统、技术指标的含义;
2. 在软件中搜索一些经典的单体K线、二根K线、三根K线、K线组合、K线组合技术形态,进一步理解这些形态和组合的预测作用;
3. 对K线组合形态的测量价值进行认识和判断;
4. 对技术形态的技术意义和有效性进行判断,写出判断失误的原因和理由。

【实验报告】

实验科目	技术形态分析		
实验时间		实验地点	
实验要点: 1. 进入证券交易分析软件系统的K线页面,寻找各类典型的技术图形,对此进行初步的技术分析; 2. 进入证券交易分析软件系统的K线页面,对以上各类典型技术形态的技术买卖点进行确认,并根据后续的走势,对确认的买卖点进行有效性的统计,初步分析出现错误买卖点决策的原因; 3. 对以上各类典型技术形态及其技术意义进行分析,分析作为短线、中线、长线投资者据此做出投资决策出现失误的可能性及其原因。			

续表

实验内容记录：
本实验内容记录要求根据本实验课学习和练习的内容，完成以下内容：1. 浏览证券投资交易分析软件，在K线页面下，寻找典型的技术形态，记录形态出现的证券名称和时间，对技术形态进行描述；2. 浏览证券交易分析软件，在K线页面下，对寻找到的技术形态进行测量意义的描述；3. 对典型技术形态买卖决策点决策的后续有效性进行统计和分析；4. 写出在技术形态方面出现错误买卖技术信息的可能原因。（本预留页面不够的，可以加页）

续表

分析和讨论：

实验中遇到的问题和收获：

续表

实验完成情况：
指导教师签名： 日　期：　　年　月　日

实验八　技术量价关系分析

【实验目的】

价、量、时间坐标是技术分析的三要素，但在实际的技术分析理论教学中，常常因为技术形态的多样性和直观性，技术指标的神秘性和数量性，而使得资本价格分析成为教学的主体，这在一定程度上违背了技术分析的原则，没有体现出技术分析的本质，脱离了投资实际。但课程课堂教学的特点决定了这种知识体系很难被改变。因而，迫切需要给学生们一个真实有效的技术分析核心轴，这个核心轴就是量价配合分析和在时间坐标上的不同表现。本实验就是要从实际投资分析中的一个特别角度，让学生认识技术分析的核心内涵：量价的关联性分析的价值和意义，并从基本量价关系分析的实验中，寻找分析的逻辑路径，将技术形态分析和指标分析的价格分析与各种反映"量"的指标和信息联系起来分析。

【实验原理】

原理之一：成交量的表示方法

1. 纵向比较的成交量表示方法

根据不同时间坐标来对某一只股票进行成交量分析，就是纵向的成交量比较。由于股票的成交是在不同的时间内进行的，而且这种成交在交易的时间段内还在不断进行着，所以采用多少长度的时间来归集成交量就有着不同的意义了。

成交量归集时间长度的选择方法很多，一般我们是根据对应的K线时间长度进行归集的，这样一来，成交价格和成交量的分析就能够对应起来，分析的准确性才能提高。所以，根据成交量的归集时间不同，我们常见的成交量表示方法有：1分钟成交量、5分钟成交量、10分钟成交量、30分钟成交量、60分钟成交量、日成交量、周成交量、月成交量、季度成交量、半年成交量、年成交量等。其中，1分钟成交量主要是显示在分时走势图中的，而其他时间段的成交量是显示在K线图（技术分析图）中的。

这里特别需要再次提醒大家的是，在分时走势图中，1分钟成交量对应的价格并不代表此价格下的成交量全部是该价格成交的。

2. 横向比较的成交量表示方法

对不同的股票直接进行成交量手数的比较是没有意义的，因为不同股票的总股本和流通股本差异较大,如果直接比较成交手数,股本大的就会显示成交量大,股本小的就会显示成交量较小,从而得出错误的判断。为了对比不同股票之间成交量的不同,就有了横向比较的成交量表示方法,这就是成交量表示方法的相对量指标:换手率。

换手率是指成交手数占已经流通总手数的比率。譬如 2008 年 2 月 25 日中国石油的换手率为 1.77%,这就是说,中国石油当天的成交手数 708 679 手占该股票当天已流通手数(A 股)40 000 000 手的比率是 1.77%。

根据观察时间长度的不同,换手率有即时换手率、日换手率、若干日换手率、周换手率等不同的表达方式,这些数据是根据分析的目的不同而分别采用的。即时换手率就是交易进行之中不断变化着的换手率,它仅仅是用于观察成交量的即时变化情况,以便决定买和卖的决策操作;日换手率是最基本的换手率分析指标,通常是短线观察和分析的重要指标,根据日换手率的变化来判断主力的动向,以决定是否买入或卖出;若干日换手率以及周换手率、月换手率等都是为了观察相对长一点时间的盘面动向,而需要通过适当的计算或操作才能得到的数据,一般是判断主力是否已经入货或者是否已经出货的依据之一。

要说明的是,虽然换手率是横向比较的重要方式,但并不是说不能进行纵向的比较。其实在对个股成交量进行分析时,无论是横向比较,还是纵向比较,更多使用的就是换手率这个相对指标。

一般来说,换手率大表示成交踊跃,股性活,适合于短线操作;换手率低的股票,表示成交不活跃,股性比较死,不适合于短线操作。但不同股票的换手率数据,不同时间的换手率数据都会发生很大的变化,我们不能根据换手率的数据进行机械的分析。

换手率指标是分析量价关系的最重要的成交量表达指标,通过成交量的换手率及其变化对股票价格的走势进行准确的判断,需要不断观察,积累经验。

原理之二:成交量分布的几种基本形态

1. 成交量无量散布

在比较长的一段时间里,成交量总体上呈现无量的散布特点。这说明该股的交投清淡,股性非常不活跃,这既不适合于投资者长线持有,也不适合于短线炒作,一般情况下,成交量呈现这种状态的股票应该远离。

2. 成交缩量

成交量在一段时间后,忽然出现缩量,这是由市场成交不足造成的。造成成交不足的原因主要是两种:一是股票价格下跌,市场人士都十分看淡后市,只有人卖,没有人买,所以成交量大幅度萎缩;二是股票价格上涨,市场人士都十分看好后市,只有人买,没有人卖,也造成成交量的萎缩。其实缩量主要是在实行涨跌幅限制的情况下才经常出现,如果没有涨跌幅度的限制,在大家都看好后市的时候,股价就会一直上涨,直到市场人士不一致看好的时候才会停止上涨,成交量就会逐步增加;在大家都不看好后市的时候,股价则会一路下跌,直到市场人士不一致看淡后市的时候才会止跌,成交量也会逐步增加。

3. 成交放量

成交量在维持一段时间的均衡后,突然发生大幅度的增加,这一般发生在市场趋势出现转折的转折点处,或者出现重大基本面变化的时候。放量说明市场各方人士对后市的分歧逐渐加大,在一部分人看空后市的时候,另一部分人却对后市看好,造成成交量的增加。

但成交放量相对于成交缩量来说,可能会是控盘的主力利用手中的筹码大手笔对敲所放出,也会在下跌的反弹过程中放出,所以放量需要仔细观察,剔除虚假的放量。

4. 成交逐步堆量

随着时间的推移,成交量逐步增加,而股价则可能上涨,也可能下跌。在主力已经完全控制市场局面的时候,逐步堆量是意欲拉升,在成交量缓慢放大的同时,股价也被慢慢推高,成交量在近期的K线图上,形成了一个形似土堆的形态。上升途中出现堆量,可能是主力进一步拉升的信号,但在股价高位的堆量则表明主力已经在大举出货。

5. 成交量逐步萎缩

成交量的逐步萎缩是市场人士对后市的走势趋势逐步达成一致,股价维持一定的趋势继续上涨或下跌的走势将非常可能。在逐步萎缩的过程中,任何与基本趋势相反的操作都可能带来损失,此时观望是一种好的操作手法。

6. 成交量不规则放大缩小

一般情况下,基本面没有变化的情况下,成交量会维持在一个正常的水平波动,但如果此时成交量一会儿放大,一会儿缩小,特别是缩小的成交量中,经常出现散布的放量,则是主力意在吸引市场关注,以达到拉升或出货的目的。

原理之三:常见的量价关系

1. 价升量增,价跌量缩。一般情况下,成交量必然表现出价格上涨,成交量也增加,价格下跌,成交量也减少的情况,如果出现不同于此的状况,就需要给予特别的注意了。

2. 价格向上突破一些关键的阻力位置时,成交量也出现放量。一般股价向上突破时,成交量必然出现放大,如果没有放大,价格向上突破,通常就表现为无效的突破,很快股价就会跌回来。

3. 价格向下跌破一些关键支撑位时,成交量一般不一定增加。支撑位跌破时,成交量没有增加的,价格仍然会继续下跌,这点初学者特别要注意!但跌破支撑位时,成交量也可以放大,初学者要注意,成交量增加并不意味着下跌得更加厉害。一般的规律是:跌破关键的位置时,成交量没有放大,下跌的时间会比较长;成交量增大时,下跌的时间会比较短。无论长短,跌幅与成交量之间没有必然的关系。

4. 相对低的价位出现量增价涨,一般是拉升的信号。处于低位运行的股票,其成交量通常是比较低的,如果此时忽然出现量增价涨的情形,一般是主力吸筹完毕,开始拉升的信号,应该果断介入。

5. 价格上涨时,成交量逐步放大。价格上涨时,成交量也会增加,价格涨得越多,成交量增加得越多。在K线和成交量对应的关系上,可以看出成交量如同堆积的木柱,越来越高。

【实验内容】

（一）观察成交量及其变化

注意观察成交量的各种表达方式，特别注意观察成交量的变化。

对成交量的分析，观察量的变化比观察量本身的数据要重要得多。在实际的分析中，放量和缩量的绝对数据常常无法判断，一只股票换手率在5%以上就是放量了，而另一只股票5%的换手率却可能是正常的量。

（二）观察量价的基本关系

分别观察如下基本量价关系：

1. 量增价平

低价位时是转阳信号：股价经过持续下跌进入低价区域，出现成交量增加股价企稳现象，此时说明底部正在积聚上涨动力，有主力在进货为中短线转阳的信号，可以适量买进持股待涨。但如果是从长期的角度看，则尚未到最佳的买入点。

上升趋势中途是继续上涨的信号：上涨过程中，若出现"量增价平"，则并不说明市场转弱，市场上行暂时受挫而已，因此只要上升趋势未破，一般整理后仍会有行情，继续持有等待。

高价位时是转阴的信号：如果上涨很长一段时间了，价位已经进入高位，则出现量增价平多为行情结束的信号，需要卖出。

下降途中的卖出信号：在下跌过程中出现量增，无论什么情况都应该卖出，如果此时反弹就应该是最佳的卖出机会了。

2. 量增价升

低中价位时都是买入信号：成交量持续增加，股价趋势也转为上升，这是短中线最佳的买入信号。已经买入的，则要坚定信心持有。

高价位时谨慎信号：在股价进入比较高的位置出现量增价升的走势，则通常不能再加仓，对已有的仓位需要谨慎持有。天价天量常常是主力出货的方式，所以需要小心。

下降途中短线买进信号：如果是中长线，出现量增价升并不是利好信号，但短线反弹可期，所以做短线可以买入。

3. 量平价升，或者量减价升

低价位时卖出信号：没有成交量的底部没有上涨的动力，所以一旦出现价格上涨没有成交量配合的情况，应该卖出股票。

上升期持续买入的信号：成交量保持等量水平，股价持续上升，是继续买入，继续持有的信号，只要成交量没有大幅地减少，这种价格的上涨都是好消息。

高价位时或下降途中是卖出的信号：如果是在高价位区域，或者下跌的途中出现无量上涨（反弹），应坚决卖出。

4. 量减价平

低价位时观望信号：低价位区域无量就要持币观望，更何况价格没有上涨。

上升途中持有信号：上升途中滞涨是上涨所必需的，没有一路上涨的股票，盘整可以清洗掉持股意志不坚定者。

高价位时警戒信号：股价经过长期大幅上涨之后，成交量显著减少，进行横向整理不再上升，此为警戒的信号。一旦价格出现变化，就要适时卖出。

下降途中观望信号：这种量价关系出现在下降途中的话，很难准确判断后市，所以观望是最好的应对策略。

5. 量减价跌

低价位时和上涨途中观望信号：量减同时价格下降是最正常的，也是最没有指示信号的量价关系，所以低价位时需要持币观望，上升途中则持股观望。

高价位时和下降途中卖出信号：成交量缩小出现在高价位或下降途中，价格的下跌将不会因为无量而止跌，成交量继续减少，股价趋势就为下降，所以需要继续卖出。

6. 量平价跌

低价位和上升途中观望信号：无量的时候，上涨的难度总是较大，但并不意味着下跌的继续，所以最好的办法是观望，低价位是持币观望，上升途中是持股观望。

高价位时下降途中继续卖出信号：成交量不减少不是买入的信号，所以在高价位的股价急速滑落，应该继续果断卖出，抢反弹的结果常常是套牢其中。

7. 量增价跌

低价位和上升途中买入信号：低价区的增量说明有资金接盘，说明后期有望形成底部或产生反弹，空仓者可以部分买入。

高价位时卖出信号：在高价位出现下跌的初期，出现"量增价跌"是果断地清仓出局的信号，因为此时的下跌会很快，无论短中长线都应该卖出。

下跌途中观望信号：股价经过长期大幅下跌之后，出现成交量增加，即使股价仍在下落，也要慎重对待极度恐慌的"杀跌"，所以此阶段的操作原则是放弃卖出而观望。

8. 量平价平

观望的信号：无论什么价位，出现量平同时价格变化不大的情况，最好的策略是观望。

（三）观察涨幅限制和跌幅限制时的委托量

许多时候，股票会被拉升到涨幅限制的价位（即平时所说的"涨停板"）或者打压到跌幅限制的价位（即平时所说的"跌停板"），此时，委托价就会只有买入价或者卖出价，判断未来的走势，委托量的观察就比较重要。

（1）涨停板时，"委托买"量的几个变化的观察

涨停板时，委托买的量或者比较大，或者比较小。

大的委托量，一般是说明主力的向上意图，但要观察委托量的变化，如果比较大的委托量，由大变小，再由小变大，反映主力需要跟进者，如股票的成交量不能增加，则可能很

快面临主力的调整洗盘,此时就需要先出来观望一下;如果很大的委托量,但还是被打开了涨停的价位,此时需要看成交量的变化,一般如果成交量没有特别大的增加,则是主力撤单的结果,说明主力拉升股价有点吃力,必然会有洗盘或者调整;如果很大的委托量,被打开了涨停后的成交量也增加很多,说明机构可能是对倒操作,虚晃一枪,实行盘中的筹码清洗,持有股票是此时的明智之举。

小的委托量,一般是主力拉升洗盘的意图,涨停之后必然有一些浮筹,如果主力不将这些浮筹洗出,进一步的拉升将比较困难,因此,主力一直用一个小的委托量,吸引风险性投资者挂单买,而让获利但保守的投资者卖出股票,实现高位散户的换手,提高市场的成本,以便后面继续拉升。此时需要观察实际的成交量情况,如果成交量没有增加,则后面主力还会采用横盘整理或者下跌的方式进行洗盘,如果成交量过大,则主力可能借机会出掉一部分股票,他就会采用打压股票再买入股票的方式进行后面的操作。因此,成交量适中的情况下,小的委托量才是继续持有股票的最佳信号。

(2) 跌停板时,"委托卖"量的几个变化的观察

跌停板时,委托卖的量也无非是比较大或者比较小。

大的委托量,一般是利空消息袭来的缘故,后面可能继续跌,此时也没有什么办法解救,只能等待下步的走势。但此时如果观察到委托量由大变小又变大的情况,则需要注意,这可能是主力的诱空行为,需要进一步观察确定。在大的委托量下,出现跌停被打开,一般说明主力在吸引人气,此时不能简单将其作为止跌的信号,主力的手法很多,进一步观察,谨慎操作是第一要务。

小的委托量,一般是主力的故意打压所致,股价随时可能被拉起,胆大者可以少量试买入。不过小的委托量如果发生在没有什么坏消息的时候,则需要小心主力悄悄地出货。

(四) 观察长期成交量变化与主力动向之间的关系

股票价格的变动基本上都是周期性的,即使没有基本面方面的显著变化,也没有一直上涨不回头的股票,同样也不存在一直下跌而不上涨的股票。如果一只股票能够一直上涨,那只有它的基本面一直在变好,持续性地变好,而实际经济活动中这种公司即使存在,也是数量少之又少的;如果一只股票一直下跌,那只有它的基本面状况已经到了无药可救的地步,市场已经没有什么办法可以救它,等着它的只有退市一条道了,而实际经济活动中这种公司也是少之又少的。所以,我们其实要做的就是在股价跌到很低的有利位置时买入,在股价涨到很高的位置时卖出就行了。什么时候是很低的位置,什么时候又是很高的位置,实际很难判断,但从成交量的变化,了解主力的动向,从而寻找这种长期投资的机会是成交量分析的一个重要方面。

从牛市转为熊市的过程,在成交量上一般表现为由巨量→递减→盘稳的过程;而再次从熊市转为牛市的过程,成交量又一般是盘稳→递增→巨增的过程。不过需要注意的是,放量和缩量的时间并非在整个上涨或者下跌过程中持续,有的时候由于股本变化,成交量的变化会出现虚假的增加,从而可能影响投资者的正确判断。

从长期操作的角度看,寻找到底部位置买入,顶部位置卖出应该是自然的事情,但什么时候是底部的买入位置?什么时候是顶部卖出的位置?根据以上的成交量分布的规律,显然,熊市最彻底的时候,成交量也是盘稳的时候,这个时候的成交量是在地量上的稳定,操作中需要面对的是:这个过程会很长,一年以上是经常出现的。因此,一定不能在牛转熊的开始,也不能在熊市的开始就介入,成交量的缩小还不是介入的最佳时机,在相当长的地量盘整后,我们可以根据成交量异动的次数和规模来决定是否介入。

(五)观察短期的成交量变化与主力动向之间的关系

首先要说明的是,不是所有的股票都能够从短线的成交量变化中了解到主力的动向的,很多的所谓主力动向,实际上是主力故意"披露"给投资者的。能够从短线的成交量变化中觉察到主力的动向,一定有一个基本的前提:成交量出现异动。

我们需要关注的是什么情况下的成交量异动是短线的介入机会。以下的几种异动是实战中常见而又有效的介入机会:

1. 长期缩量盘整,忽然出现了成交量的放大,而且放大的次数越多,离上涨的时间越近。

成交量萎缩可以反映出一些信息,其中最关键的是要通过萎缩观察到现价格是否已经到了穷尽。如果缩量说明了这点,那么该股的筹码安定性就非常好,就是说没有人想在现在的价格位置抛出这只股票了。这个条件符合了,下一步就是观察主力是否已经获得了希望的筹码。这点很难观察,一般只能通过缩量盘整的时间是否足够长来判断。

在这样两个前提下,成交量忽然出现放大,与此放大的同时会伴随价格的上涨,这时就需要观察盘口量价关系了。如果盘口表现出大单的买入和卖出,收盘时又将股价打低,其目的昭然若揭。但有的时候,主力的这种拉升只是试一下盘的轻重,所以介入的时候一定要控制仓位,分步介入是成功的关键手法。

2. 成交量从某一天股价创出新的低点后,就逐步放大,并在比较长的时间内维持一种放大的趋势,股价小幅上涨。

在主力没有足够的时间慢慢吸筹的时候,主力就可能在底部位置区域采用这种方法吸筹。不过成交量的逐步增加也不是一直累进的,经常是成交量累计放量几天或者十几天后,忽然价格缩量下跌,经过若干时日再次逐步放量,价格却是逐步抬高,使你每次都后悔怎么不在低位买进。

3. 选择真正的介入时机可以使用 15 分钟或者 30 分钟 K 线图的成交量变化,此时的成交量变化更快,但更有分析价值。

在选择介入机会的时候,关注成交量的变化比观察价格的变化重要得多,但从日线的变化上观察有时候会失去重要的信息,所以缩短观察成交量变化的时间周期是一个好的办法。5 分钟的 K 线也可以用,但由于其过于敏感,经验不足者可能会因此上当,使用 15 分钟线或者 30 分钟线比较合适,有人推荐使用 60 分钟线。一般来说,60 分钟线对一些价格变化不大的股票的效果要好些,所以选择哪种短周期的 K 线进行量价关系分析,需要具体股票具体对待。

需要说明的是,这里所谈的是短线介入的机会把握,但你使用的短周期线与其他中长周期线是有所不同的,用什么样周期的 K 线图,分析得出来的介入结论也只能适用于相应的时段以内的操作。

【实验步骤】

1. 进一步熟悉了解证券投资分析软件系统,观察各种成交量表达方式及其含义;
2. 在软件系统中寻找成交量增加和缩小的量价关系图形,分析其出现成交量变化的原因及后续结果;
3. 对量价关系指出的长期和短期介入机会进行分析,给出决策的依据;
4. 对涨跌停板证券的量价关系进行分析,对后期走势做出预测,给出预测理由。

【实验报告】

实验科目	技术量价关系分析		
实验时间		实验地点	
实验要点: 1. 进入证券交易分析软件系统,学习各种成交量的表达方式,了解其含义; 2. 进入证券交易分析软件系统,寻找量价关系的基本形式,观察量价关系出现的各种情况,分析其中可能的原因; 3. 从长线和短线的角度,寻找对应的量价关系,对相应的量价关系进行分析,给出理由; 4. 观察涨跌停板时的量价关系情况,分析量价关系变化的可能原因。			
实验内容记录: 本实验内容记录要求根据本实验课学习和练习的内容,完成以下内容:1. 浏览证券投资交易分析系统,对系统中成交量及其表达方式进行描述;2. 浏览证券交易分析软件,寻找基本的量价关系证券,对其进行描述;3. 对上述基本量价关系进行预测分析,写出分析依据和结论;4. 从长线角度,寻找适合投资的量价关系图形,给出理由;5. 从短线角度,寻找适合投资的量价关系图形,给出理由;6. 分别观察涨跌停板时的量价关系,写出量价关系及其变化的原因。(本预留页面不够的,可以加页)			

续表

分析和讨论:

续表

实验中遇到的问题和收获：

实验完成情况：

指导教师签名：
日　期：　　年　　月　　日

实验九　投资盘口分析

【实验目的】

在技术分析中,判断投资各方力量对比和行动意义的信号主要来源于盘口信息,但由于盘口信息稍纵即逝的特点,在课程的课堂教学中是很难展示出来的,所以,大多数的投资分析课堂教学中,都不讲解盘口的内容,不涉及盘口信息的分析,而在实际的投资分析中,盘口又是窥探投资各方力量进行博弈的关键信息之一,这成为理论教学与投资实践之间脱节最严重的表现之一。本实验环节通过实时盘口的观察,了解盘口分析的基本思路,让学生充分了解盘口信息的观察点和观察方式。但盘口分析实际上是一个需要连续观察,费时费力的分析手段,所以,课程实验只提供一次实验机会,但对于有志于投资分析作为终生职业的学生,可以利用课余时间,学习连续观察盘口信息,进行盘口分析的实践。

【实验原理】

原理之一:盘口的委托量与成交量

成交量是指股票买卖已经成交的"量",而委托量则是各地投资者申报买卖,但还没有成交的"量"。这两种量在技术分析中都需要给予关注。

目前我国证券交易所显示在行情系统中的委托量只有 5 个最高买入价格和 5 个最低卖出价格(共 10 个价格)下的全部委托量(收费的行情系统可以看到 10 个最高的买入价和 10 个最低卖出价格),这就是行情显示系统中买和卖价格后面的黄色数据(委托手数)(见图 9-1)。

委托量的分析是非常重要的,因为主力在吸筹、拉升、洗盘、出货等各个不同阶段展现在行情显示系统中的委托量是有变化的,不同的主力所采取的委托手法也是不同的。一般地说,委托买的量大,意味着该股票抗跌或者有拉升的意愿;委托卖的量大则相反。不过,观察委托量及其变化是看盘的一种主要技巧之一,稍有错误就可能导致错误的判断,从而带来投资的损失。

成交量显然是股票买卖交易过程中成交所形成的量,但这个量是指交易的什么"量"呢?一般来说,交易量有两种表达数据:交易手数和交易金额。

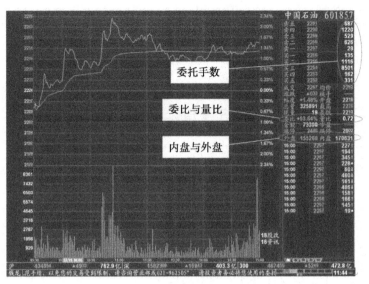

图9-1 行情系统中"量"的显示

所谓交易手数,就是买卖成交的手数;所谓交易金额,就是买卖成交的金额。注意这两个概念都可以表示成交量,但其意义是不同的,使用的场合也不同。

在我们分析市场总体交易状况时,就需要使用"交易金额",而不能使用交易手数,因为这个时候不同股票的交易数量差别很大,同样交易手数的实际交易状况是完全不同的:当交易成交的股票主要集中在价格比较低的股票时,交易手数很大,但交易成交金额却不大;当交易成交的股票主要集中在价格比较高的股票时,交易手数不大,但交易成交金额却可以很大。所以使用交易手数表示市场总体的交易量就没有什么意义,因此在显示大盘的总体交易量时,我们是使用成交金额来表示的,这个交易金额在交易软件显示行情的下方都有表达(见图9-2)。

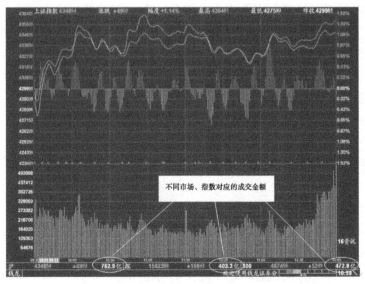

图9-2 行情软件中成交量表示位置示意图

然而,当我们分析个股的走势时,使用成交金额就没有意义了,这个时候需要用"成交手数"来表示股票的成交量。因为每个股票在不同时间的交易价格是不同的,同样的交易成交金额在价格低时和价格高时所代表的成交手数是不同的,因此使用成交金额就不能准确表达该股票的真实交易状况。

原理之二：盘口观察的几个主要指标

1. 量比指标

量比是当天每分钟平均成交量与前五天内(一般是包括今天在内)每分钟平均成交量的比。其计算公式是：

量比＝(当天即时成交手数/今天累计的交易分钟数)/(包括今天的前五天总成交手数/1 200分钟)

这个指标实际上就是今日每分钟的平均成交手数与近5日每分钟平均成交手数的比值。它所反映出来的是当前盘口的成交量与最近五天的成交量的增减状况。如果比值等于1,说明今天的成交量与前几天的成交量持平,没有增量,也没有减量；如果比值小于1,说明今天的成交量萎缩了,成交不活跃；如果比值大于1,说明今天的成交量相比前几天放大了,数值越大表明盘口的成交活跃程度越大。

量比其实是一种短线操作很重要的指标,但初学者一般不明就里,对该指标的价值认识不足。因为成交量的短线动态变化都能够及时反映在量比指标上,所以,从某种意义上讲,凡是进入拉升阶段的股票和准备出货的股票,在量比指标上总能够表现出来,指标数值变化越大,越能体现主力即时做盘的动向,是观察股票盘口特征的一种重要指标。

2. 委比指标

委比指标的具体表达有两项指标：委差和委比,前者是绝对数值,后者是相对数值。

将交易软件中显示在委托买5个价位上的全部委托手数减去委托卖5个价位上的全部委托手数的差值,就是委差。如果所得差为正数,一般行情交易软件就将其表示为红色；如果所得差为负数,交易软件就将其表示为绿色。用委差作为分子,用上述委托买和卖10个价位上的全部委托手数作为分母,所得商就是委比,同样红色表示委比是正值,绿色表示委比是负值。

由于我国主要还是做多才能盈利的单边市场(虽然现在也有做空机制,譬如融券交易、股指期货等,但总体而言,对中小资金投资者,做多才是唯一的选择),所以买委托的量越多就越是好事情,因此,委比为正值,且越是接近＋100％,越好；委比为负值,且越是接近－100％,越差。

委比数值为＋100％或者－100％时,表示只有买委托,没有卖委托；或者只有卖委托,没有买委托的情况。这一般只出现在股价已经处于涨幅限制(涨10％或者ST股票涨了5％),或者跌幅限制(跌10％或者ST股票跌了5％)的时候。显然委比指标是＋100％时要想买到股票是比较困难的,同样委比指标是－100％时要想卖出股票也是比较困难的。

作为显示在行情软件中最显眼位置的委比,初学者常常将其数值的变化视为重要的信息,其实根据作者的经验,委比指标的实际价值几乎是零,因为随着不断变化的委托报单,委比指标实际上是在不断快速发生变化的,观察委比指标的变化,不如直接观察委托量的变化更能够看清楚盘口的动向。

3. 内盘和外盘

从定义上讲,内盘和外盘分别是指成交价格在买入价成交的累计手数和在卖出价成交的累计手数。内盘和外盘的数量实际表示的是一种卖和买的力量。

虽然外盘的成交量代表了买的力量,内盘的成交量代表了卖的力量,但实际上外盘和内盘的数据是和行情显示软件信息提供商的数据归并速度和网络速度有关的。尽管交易所的交易是逐笔进行的,但由于通信速度和证券经纪商软硬件条件的限制,外盘和内盘的数据并不是根据每笔数据进行归并累计的。譬如,假设某股票的真实交易如表9-1所示,但甲证券经纪信息提供商的数据归并却是每5秒一次,而乙证券经纪信息提供商的数据归并却是每10秒一次,那么实际显示在行情软件中的数据就不是表9-1的情况,而分别是表9-2和9-3中的情况了。

表9-1 交易所实际成交示意

成交时间	在买入价成交(元)	在卖出价成交(元)	成交量(手)	应该计入内盘的累计成交量(手)	应该计入外盘的累计成交量(手)
9.30′02″	8.30		10	10	
9.30′05″		8.31	30		30
9.30′08″		8.30	50		80
9.30′10″	8.30		60	70	
9.30′11″		8.32	40		120
9.30′15″	8.33		30	100	
9.30′17″		8.32	100		220
9.30′21″		8.35	120		340
9.30′26″	8.34		1	101	

表9-2 甲证券经纪商显示的成交示意

成交时间	在买入价成交(元)	在卖出价成交(元)	成交量(手)	应该计入内盘的累计成交量(手)	应该计入外盘的累计成交量(手)
9.30′05″		8.31	40		40
9.30′10″	8.30		110	110	
9.30′15″	8.33		70	180	
9.30′20″		8.32	100		140
9.30′25″		8.35	120		260
9.30′30″	8.34		1	181	

表 9-3 乙证券经纪商显示的成交示意

成交时间	在买入价成交(元)	在卖出价成交(元)	成交量(手)	应该计入内盘的累计成交量(手)	应该计入外盘的累计成交量(手)
9.30′10″	8.30		150	150	
9.30′20″		8.32	170		170
9.30′30″	8.34		121	271	

【实验内容】

(一) 观察"买一"到"买五"、"卖一"到"卖五"委托量盘口变化

许多人观察委托量时,简单地根据委托总量进行判断,也就是直接观察委比指标,或者直观比较买卖的量。其实,细心地观察委托量的具体变化,能够使我们看清楚主力的意图和动向。以下几点是观察的基本要点:

(1) 委托买的量并不一定表示买委托的力量强,委托卖的量也并不一定表示卖委托的力量强,所以委比指标可能是虚假的

一般来说,委买盘越大,想买入股票的意愿越强;委卖盘越大,想抛售股票的意愿越强。但是这种简单的"一般",常常被主力充分利用,从而使其信息的准确性大打折扣。根据笔者的经验,除非确实出台了出人意料的消息,中国股市委托量的直接比较带来的绝大多数情况都是与这"一般"是相反的。

例如,某股在买三价位堆积了巨大的委托量,但一旦价格真的到了买三的价格,这个委托量就消失了,这明显是主力的诱多行为。

(2) 从委托量减少对比成交量增加,观察主力的对敲行为

对敲是主力的手法之一,通过对敲,主力做出虚假的成交量,让你上当,同时也使股票的市场价格朝主力希望的方向发展。

例如,某股票卖一有 500 手的委托量,买一有 10 手的委托量,此时在买一的价格成交了 500 手,而卖一的量并没有减少,这就需要注意是否是主力对敲造成的(当然有可能是短线内新的申报单尚未显示出来就成交了的结果)。一般出现对敲的行为就不会是一次,如果多次出现这种状况,那就可以确定是主力对敲造成的成交。

(3) 要注意成交的时间优先原则

价格优先和时间优先是竞价交易成交的两个原则。在观察委托量时一定要注意这样的原则是否被主力利用了。

例如,某股票在买一或者买二的位置上有大单委托,但其中有大约几秒钟的时间,委托量减少了。这其实是主力利用时间优先的原则,先报一个大的委托单诱使你跟单,你以为你要是能够买到,前面一定有主力大单的成交做保证,但主力在这个过程中,先是撤单,然后再次挂单,这样,你观察的委托量没有减少,但你的委托单已经排到了前面,它就

可以通过少量抛单卖给你造成成交。

(4) 注意主力利用委托量吸筹

我们在实战中经常见到这样的委托量,在买一是10元的价格,上面有数百手买单,在卖一是10.02元的价格,却有数千手的卖单。这常常是主力在悄悄地收集筹码。因为它用一个大大的卖单压住价格,又在买一给出一定的委托量,给你一种卖的力量大于或者远大于买的力量的架势,一旦出现介于其间的10.01元的委托卖单,他就照单全收。

(二) 观察委托量的异动现象

一般来说,委托量的变化是和价格的变动相一致的,价格上涨情况出现时,委托买的量就在增加,相反,价格下跌时委托卖的量就在增加。但如果出现了委托量的异常变化,就要特别给予关注了。

(1) 低委托量之后的单边委托突增,需要注意是否变盘

在委托量一直不多的时候,突然出现了委托量的单边增加,这时候要注意是否会变盘。例如,买委托和卖委托的量一直不大,成交也比较温和,忽然出现了买方委托或者卖方委托的量的增加,这就意味着短线价格上升或者下跌的开始,需要特别留心。

(2) 突然出现的大委托买或者卖的单子,要注意主力是否在试盘

无论是拉升还是出货,主力行动前都会试一试盘子轻重,特别是拉升之前,常常有这样的一些试盘的举动。例如,某股票在卖一和卖二上有比较大的委托量,买单量却比较小。此时突然出现大的成交,将卖委托的量全部成交,价格向上涨一段后,再次回到原来的价格区间,卖委托再次堆积了委托量。一般这是主力试盘的结果,通过大成交量的拉升,引起投资者的注意,并试一试上档压力有多大。

(3) 突然出现的大委托,但价格却上上下下来回运动,要小心主力的洗盘行为

价格在一段时间的拉升之后,主力通常都要通过洗盘的手法,抬高市场的交易成本,使一些犹豫不决和意志不坚定的投资者出局,为下一步再次拉升做准备。

主力洗盘的手法很多,其中一种就是通过在某个不大的价格区间(通常高点和低点的价格之间,在去掉手续费用和印花税后,没有什么盈利的空间)通过放大委托量和成交量的方式,吓出胆小的投资者。

在相对价格高位时,主力洗盘和主力出货是难以严格区别开来的,许多情况下主力也是边洗边出一部分股票,拉升的过程中再买进来。一般在关键的价位,如果卖盘很大而买盘虽不多,买入价格成交的量却比较大,成交速度也很快,笔数很多,这时需要注意是否是主力的洗盘行为,特别是在股价不再下挫,成交量却不见减少的情况下,尤其需要注意是否振仓洗盘。

(三) 观察量比、委比的变化

量比的价值实际上就是能够反映过去一段连续时间内的成交量变化的情况,特别是当天即时成交量与过去四天成交量的比较,从而能够客观真实地反映盘口成交异动及其力度。由于该指标直接表现在分时走势图和K线图的右边参数区中,从操盘的角度看,

其方便快捷胜过其他技术指标。

但观察量比时要注意,同样的量比指标数据所反映的意义是不同的。譬如量比为2的两只股票,尽管都说明今日的成交量比较过去的四天均值增加了2倍,但如果过去的四天成交量很大,或成交量很小,则这个量比指标2的意义就不一样了。过去成交量大的是在基数比较高的基础上的进一步放量,也许是过量了;而过去成交量较小的则可能并没有反映其足够的成交量。因此观察量比时首先观察过去四天成交量的相对状况非常重要。

内、外盘的比较是盘口技术分析常见的手法,但是正如前面已经介绍的,由于交易系统和软件的不同,同样的交易状况下,反映的真实内、外盘的数据却可以不同,因此需要观察分析。

内盘是买入价的成交盘,外盘是卖出价的成交盘,当我们不能区别实际内、外盘数据的真实性时,可以打开成交明细,看看价格变动的趋势。如果一段时间不断增加了内盘数据,但股价却没有下跌,或者不断增加了外盘数据,股价却没有上涨,那么对内、外盘数据的真实性就要大打折扣了。

内、外盘数据只是说明一种盘口的即时力量,从细节的观察中可以嗅出主力的动向,但内、外盘的数据并非功效很大,所以简单地说"内盘大不好,外盘大好"是幼稚的。要注意区分内、外盘数据形成的价格区段,这也是非常重要的。譬如,某股票内盘的数据小于外盘的数据,但内盘的数据值多数都是在股票价格10元左右形成的,而外盘的数据值则多数都是在股价9.5元附近形成的,那么现在的价格是在10元以上的话,则并不代表将要上涨,反而是下跌的信号。

(四) 观察每笔成交

观察每笔成交非常重要,特别是在管理层清理账户,将主力借用的许多假账户消除后,观察每笔成交量就显得更加重要。主力如果做假,他可以利用股价的涨跌"绘制"技术分析指标和图形,但他没有办法利用小的每笔成交量来完成,因为每笔成交量小的话,操作的时间周期就会很长,主力的战机就会丧失。因此,如果观察到每笔成交不断增加,这是主力的行动,这时就要注意辨别主力的动向了。

一般而言,观察每笔成交量需要较好的行情分析软件和较快的网络速度,因为如果软件不好或者速度慢,每笔成交的显示就可能是错误的,依据错误信息得到的当然不是正确的分析结果。

经常有人说,你看"庄家"还在里面呢,股票价格会涨。分析每笔成交的时候请一定要记住:每笔成交显示主力的行动,并不说明主力在股票里面,该股票就一定会上涨。所以需要观察主力的动向,每笔成交放大是在股价上涨的时候,可以考虑继续持有股票,每笔成交放大是在股票下跌的时候,可以考虑短线卖出股票。

【实验步骤】

1. 进一步熟悉了解证券投资分析软件系统,观察委托量实时盘口的变化,尤其是委

托量异动现象,并观察委托量异常变化之后有没有对价格产生相应的影响,分析其原因;

2. 在软件系统中观察量比、委比的变化,分析其出现变化的原因及后续结果;

3. 观察每笔成交与价格变动的关系,预测成交变化所带来的短线介入机会,给出决策的建议和依据。

【实验报告】

实验科目	投资盘口分析	
实验时间		实验地点	

实验要点:
1. 进入证券交易分析软件系统,学习观察盘口的各种信息,了解它们的技术含义;
2. 进入证券交易分析软件系统,寻找委托量实时变化的异常瞬间,并观察其变化的意义和影响;
3. 观察量比、委比的指标值变化,从投资角度给出未来走势的预测,给出理由;
4. 观察实时每笔成交与委托的关系,分析每笔成交背后的信息,分析其变化的可能原因。

实验内容记录:
    本实验内容记录要求根据本实验课学习和练习的内容,完成以下内容:1. 对所观察的盘口信息进行描述,指出其主要观察点;2. 实时观察证券交易分析软件给出的委托量及其变化,寻找委托量异常变动的时间,对其进行描述;3. 分析一只股票委托量异常变动的过程和原因,对该股因为异常变动可能发生的未来短线股价的变动趋势;4. 实时观察量比、委比的指标值变化,分析一只量比、委比变化较大的股票,指出这些指标异常变动后的价格变动趋势,给出分析;5. 实时观察一只股票的每笔成交情况,观察其与委托量变化之间的关系,分析这些变动的原因及其后续价格变动的趋势。(本预留页面不够的,可以加页)

续表

分析和讨论：

续表

实验中遇到的问题和收获：

实验完成情况：

指导教师签名：
日　期：　　年　月　日

实验十 趋势与阻力—支撑位分析

【实验目的】

配合前面实验七和实验八的内容,在技术形态分析和量价分析中,一个有效并且相对简单的观察方法是:在价格形成上涨趋势,或者下降趋势时,对资本价格趋势进行分析;在价格没有趋势,或者趋势出现拐点的时候,对资本价格的阻力—支撑位进行分析。这是技术分析的投资判断中,常见的化繁为简的科学分析方法。在复杂多变的技术形态和量价关系变化中,记住一些经典的形态和量价关系,不如记住一些关键的分析技术。因为这些技术是分析大量出现的非经典形态和量价关系的主要手段,而趋势和阻力—支撑位的分析技术,就是这些关键技术之一。本实验主要让学生了解趋势变化的基本规律和在阻力位、支撑位识别及它们相互转换过程中的一些盘面特点。

【实验原理】

原理之一:趋势线分析原理

当股价不断上涨,形成总体上涨的趋势时,我们可以通过连接股价波动的低点所形成的直线进行趋势分析,这条向右上方倾斜的直线就被称为上升趋势线(见图10-1);当股价不断下跌,形成总体下跌的趋势时,我们可以通过连接股价波动的高点所形成的直线进行趋势分析,这条向右下方倾斜的直线就被称为下降趋势线(见图10-2)。

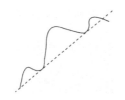

图10-1 上升趋势线

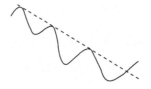

图10-2 下降趋势线

在一种价格运动的趋势改变之前,股价会沿着其固定的方向移动,直到这种趋势改变后再以另外的一种趋势移动,这就是趋势线分析的原理。因此,当上涨的趋势线被跌破时,就是一个卖出的信号;相反,当下跌的趋势线被突破时,就是一个买入的信号了。实战中,趋势分析判断需要注意以下两个问题:

一是趋势有长时间段的,也有相对比较短时间段的,所以我们常常说趋势线有长期趋势线和中期趋势线两类,在构成买入或者卖出决策时,首先需要判断趋势线是长期性质还是中期性质,从而决定买入或者卖出的持续时间。

二是趋势线的突破需要关注是否有效,有效的依据主要是看成交量的变化。一般而言,向上突破下降趋势线,一定需要成交量的显著增加,没有成交量的突破常常是虚假的突破;向下跌破上涨趋势线时可以有成交量的增加,也可以没有显著的变化。但成交量增加的下跌,往往下跌的速度会比较快,时间会短一些;而没有成交量明显变化的跌破,下跌的时间会长一些,速度会慢一些。

原理之二:通道分析原理

在很多情况下,上涨的股价不仅仅会受到上涨趋势线的支撑,还会受到一条与上涨趋势线基本平行的以股价高点所连直线的压制,我们将这两条线约束的运动轨迹称为上升通道;同样,股价不断下跌时,除了受到下降趋势线的压制外,也会有一条与下降趋势线基本平行的低点连线的支撑,股价也会在这样的两条线的约束下运动,我们将这两条线所构成的运动区域称为下降通道。

原理之三:趋势变动的原理

在趋势分析中非常重要的一点是趋势线的变更,越是长期趋势线,越需要注意趋势线的变更。所谓趋势线的变更,是指由于几个运动趋势的变化,原来的趋势分析线已经不能说明现在股价变动的趋势,这时需要对原来的趋势线进行修正,采用新的趋势线进行分析。

原理之四:常见的几种关键阻力位

当空头力量强盛,多头力量薄弱的地方,自然就形成了较大的阻力。在实战中,以下区域容易形成阻力位:

1. 整数关口。整数关口容易形成常见的阻力位,如 11.50、12.00 等。大盘则是 3 000 点、2 900 点等。

2. 前一天收盘价区域。如果当日低开,那么在前一天收盘的位置附近会形成阻力。这是因为,经过一夜的思考,通过集合竞价,多空双方对前收盘达成了共识,当天开盘时会有大量股民以前收盘价位参与竞价交易,若股价低开,说明卖方力量稍强。在反弹中,一方面会随时遭到新抛盘的打击,另一方面在接近前收盘时,早晨积累的卖盘会自动形成压力。

3. 如果开盘后,空方力量占优,多方且战且退,那么,在下次反弹到每一个交战区域附近会形成阻力。每到一个高点,都有投资者视突破情况进行操作。

4. 均线位置。由于 5 日线、10 日线技术派格外看重,一旦股票反弹到这些价位附近,会有所谓的"技术派"的短线客抛售,形成极大阻力。

5. 前期股价高点区域。前次之所以创下高点,是因为此处有明显的卖盘涌出,当股价在此遇阻回落又再次回升时,一旦接近前次高点,底部的获利盘要卖出。另外,前次高点的套牢盘也要卖出,所以形成压力。

6. 前期股价低点区域。前次低点表明买方力量强劲,而当股价跌穿这个点位,会有相当多的人"多翻空"。从而导致股价跳水,因时间短促,未成交的卖盘会在此沉淀,反弹至此点位时会遇到阻力。

原理之五:常见的几种关键支撑位

当空头部队长驱直入,随着股价的下跌,做空的认同度将逐渐下降,"空军"同盟也会逐渐瓦解。当多空力量形成一个新的平衡,经过反复的争夺,股价再也无法下跌的时候,就形成了支撑。

1. 今日开盘价。若开盘后走高,则在回落至开盘价处时,因买盘沉淀较多,形成支撑,其形成道理与该区域的阻力位同理。

2. 前一日收盘价。若股价从高处回落,在前收盘价处的支撑也较强。根据昨天的市场状况,多头在此价位布置了重兵,一旦空头涉足此地,必然遭遇消耗。

3. 均线位置主要是5日线、10日线等。

4. 前期股价低点。前期形成的低点区一般会成为人们的心理支撑,其道理也与阻力区相同。

5. 前期股价高点。前次高点阻力较大,一旦有效越过,因积淀下的买盘较多,因此当再次回落时,一般会得到支撑。

6. 整数关口。如股价从10.7点跌至10.6点时,自然会引起人们惜售,破10.6点也不易,股价从高处跌到10元处也会得到支撑。实战中,判明支撑是为了争取在低位区买进。

原理之六:支撑与阻力的转换原理

支撑与阻力是一对矛盾共同体,原先的阻力,被多方成功突破后,就成为支撑,原有的支撑,被空方突破后,反过来也可以形成阻力。在实战中,选用K线的周期越大,支持与阻力的实战意义就越大。对小周期K线而言,则阻力与支撑,对研判大盘的走势更为重要。主力做盘,也是根据散户的心理进行诱导,有时候往往1分钱之差,趋势就发生完全的逆转。

【实验内容】

(一)了解均线系统,分析均线对趋势和支撑—阻力位形成的影响

由于一段时间的平均收盘价格,实际上是将这段时间内的价格异常波动消除了,所以均线系统实际上是一种平滑处理的过程,而以此平滑处理后的平均价格(市场成本)的移动曲线,配合每日收盘价的线路变化,就可以分析某一时间段内多空的优劣形势,研判股价的可能变化趋势。一般来说,现行价格在平均价之上,意味着市场现在的买方愿意

出比过去时间段内更高的价格购买股票,反映市场需求的增加,行情看好;反之,现在的价格在平均价之下,则意味着卖方愿意出更低的价格卖出股票,反映市场该价位的股票供大于求,行情看淡。

不同周期的移动平均值实际上是对股价平滑处理的程度不同,越长周期的移动平均值,对股价平滑处理的程度越大,对股价异常价格的消除程度越大,因而反映了不同周期的价格变动的趋势。一般来说,短周期的移动平均值大于相对长周期的移动平均值,意味着短期内的买方愿意出价要高于过去相对长周期衡量的买方所出价格,市场股价的变动趋势是上涨的;反之,短周期的移动平均值小于相对长周期的移动平均值,意味着短期内的卖方愿意出比过去相对长周期衡量的卖方愿意出的价格更低,市场股价的变动趋势是下跌的。

在实际运用中,计算移动平均值的依据是收盘价,周期则通常使用5日、10日、20日、30日、60日、120日、250日等时间周期,以与交易的自然时间周期相一致。5日为一周价格走势的平均,10日为两周价格走势的平均,20日相当于一个月的平均价格,30日、60日相当于三个月内的价格走势,120日相当于半年价格的平均值,250日是一年的交易时间形成的价格平均值。因此,我们一般将5日、10日移动平均线,作为观察短期走势的依据;将10日、20日移动平均线,作为观察中短期走势的依据;将30日、60日移动平均线,作为观察中期走势的依据;将120日、250日移动平均线,作为分析长期趋势的依据。特别地,我们将120日移动平均线称为半年线,将250日移动平均线称为年线,由于道琼斯理论认为一种基本趋势的持续时间需要一年以上,因此我们就用K线与250日年线的相对位置,作为区别多头的牛市和空头的熊市的标志。

(二) 了解趋势分析一般技术,做出趋势分析

趋势分析的第一步是正确画出趋势线。这里需要明确三点:第一,趋势线是直线;第二,上升趋势线和下降趋势线的低点和高点,都应该是最重要的点,而不是最高价位或者最低价位;第三,趋势线随着时间变化,可以重新画。

如果能够同时画出重要高点的连线(就是趋势的上轨)和重要低点的连线(就是趋势的下轨),那么就构成了趋势通道。

趋势分析的目的在于帮助我们正确选择买卖点。一般来说,突破下降趋势线就是买点,跌破上升趋势线就是卖点。

下降趋势线被突破,代表下降趋势的终结,后市将步入盘升阶段,这是最好的买点;如果是盘整趋势,那么突破了上轨,代表股价最终选择了向上发展,这也是一个好买点。

上升趋势线被跌破,代表上升趋势的终结,后市将步入盘跌阶段,这时宜卖出股票;如果是盘整趋势,那么跌破了下轨,代表股价最终选择了向下发展,同样宜卖出股票。

实验中需要观察以下三点趋势分析的难点:

1. 所谓买点和卖点,都仅仅是指买入或者卖出后股价上涨或者下跌的概率大时的点

位,并非确定的买卖点,更不是专指最低点、最高点或者最佳点。投资者需要根据风险偏好,决定具体的更具风险的买卖点,还是更保守的买卖点。

2. 突破必须是有效的,但怎么确定是有效的突破却是难题。一般认为,瞬时突破(时间太短)或轻微突破(幅度太小)或无量突破(量价关系不匹配),都不能算作有效突破。所以在判断突破是否有效时,不妨在时间及空间上留点余地。保守者可等突破后的回抽再确认,但这样也容易贻误战机,因为并不是所有的突破都有回抽过程的。

(三) 观察各种支撑—阻力位,学会基本的支撑—阻力位分析

除了前述的均线系统和趋势线系统对证券价格形成支撑和阻力外,还介绍了各种交易中形成支撑和阻力位现象的因素,对这些影响产生的支撑、阻力位的分析方法也有很多。

本质上,支撑位是实际或潜在的买盘数量足以暂时阻止价格的下跌趋势;阻力位是实际或潜在的卖盘数量可以满足当时价位的所有买盘,并暂时阻止价格上升。无论什么原因形成的支撑位和阻力位,实际上支撑位都代表了这个位置买盘的集中区域,而阻力位则代表卖盘的集中区域。

正是这个"集中区域"导致原有的单边趋势被打破,供需矛盾处于平衡或者反转,形成了支撑和阻力。

然而证券的买盘和卖盘的这种集中区域是一个逐渐累积的产物,因而,买盘和卖盘是可以互相转化的(这是和商品的买卖双方完全不同的现象:商品的买卖双方理论上也可以转化,但它的转化一定是需要相当长的时间的,而证券投资买卖双方的转化是随时可能发生的)。

支撑水平(阻力水平)被市场穿越到一定程度后,就转化为阻挡水平(支撑水平)。这里需要强调的是仅当价格穿越支撑和阻挡水平到达足够的程度情况下两者才能互换角色。但怎样才算足够呢? 判断这个问题时有相当多的主观色彩,有些人认为穿越幅度到达10%是中长线标准,短线穿越3%到5%便可以肯定。这个问题从心理角度来说,只有当市场穿越得足够远,致使市场参与者确信自己判断错误的情况下两者才能互换角色,市场穿越越远,人们便越信服自己的新认识。其实也同上面的例子一样是心理的一个反应。形成支撑和阻力的原因是多方面的,有基本面的原因,也有技术面的,还有交易者心理面的原因,甚至这些原因有时候是综合在一起发生作用而相互影响的,但有一点可以肯定,就是交易者为了自己的利益,在支撑和阻力的地方心理和操作却是基本如上面举的例子是一致的。

抛开形成支撑和阻力位的各种原因,对支撑和阻力位的分析方法主要有如下几类(也构成本实验观察和学习支撑和阻力位的几种方法):

1. 黄金分割的支撑和阻力位分析

按照黄金分割数字(主要有 0.382、0.618、1.382、1.618 等)进行的价格分割形成支撑和阻力位。

2. 前期高点、低点分析

前期形成的证券交易的价格高点和低点,都会在心理上形成卖出和买入的心理冲动:前方在这个价位卖出形成了(相对)最高点(拐点),或者在这个价位买入形成了(相对)最低点(拐点),必然有它的道理,所以我们也需要卖出或者买入。

3. 前期密集交易区分析

前期的密集成交区域,说明这个区域的多空双方分歧严重,当价格再次到达这个区域时,依旧会产生严重分歧,从而使得原有的上涨或者下跌趋势结束,形成阻力和支撑位。

4. 特殊数字的分析

一些特殊的数字会对证券价格的趋势形成逆转,形成支撑和阻力,譬如整数、带 6 和 8 的尾数等。证券价格每次到达这类数字的时候,都会获得一定的支撑或者形成阻力。

5. 昨日收盘价和今日开盘价形成的支撑和阻力分析

昨天的收盘价对今天的走势会产生影响,因为它直接导致今天证券价格是涨还是跌;今天的开盘价格也会对今天的交易走势产生影响,因为它决定了今日 K 线是阴线还是阳线。

请仔细观察以上各种导致支撑和阻力位形成的因素对证券价格的影响,分析各自有效性及其原因。

【实验步骤】

1. 打开证券投资交易系统,观察各种移动平均线与股价之间的关系,分析均线系统对证券价格趋势、支撑和阻力位形成的影响及其力度,尤其需要区分短线投资者、中线投资者和长线投资者所关注的不同均线;

2. 分别画出处于上升趋势、下降趋势和盘整趋势的三类证券的上升趋势线、下降趋势线和盘整的上下轨线;

3. 根据短线投资者、中线投资者和长线投资者的投资风险偏好的不同,选择恰当的趋势分析线,给出相应的买卖价位的建议和理由;

4. 利用黄金分割线做出黄金分割的支撑和阻力位的描述,给出未来具体证券或者大盘支撑和阻力位的预测;

5. 分别对前期高点、低点,密集成交区域,特殊数字,昨日收盘价和今日开盘价的支撑和阻力位的力度进行判断,说明原因。

【实验报告】

实验科目	趋势与阻力—支撑位分析		
实验时间		实验地点	

实验要点：
  1. 进入证券交易分析软件系统，学习利用移动平均线进行分析的各种方法，特别了解它们在趋势分析、支撑和阻力位分析中的价值；
  2. 进入证券交易分析软件系统，正确画出上升趋势线和下降趋势线，并分别说明它们各自的技术意义，给出模拟投资的买卖点建议；
  3. 利用证券交易分析系统给出的画线功能，学习黄金分割线的画法，了解黄金分割线对分析支撑和阻力位的技术价值；
  4. 对各种原因形成的支撑和阻力位进行观察，分析其有效性。

实验内容记录：
  本实验内容记录要求根据本实验课学习和练习的内容，完成以下内容：1. 记录移动平均线的助长助跌现象，记录不同移动平均线对证券价格的支撑或者阻力作用，观察移动平均线的多头排列和空头排列现象；2. 将证券交易分析软件系统中某个具有上升趋势和下降趋势的证券的K线，大致描画下来，并画出上升趋势线和下降趋势线；3. 描述使用证券交易分析系统中黄金分割划线功能的操作步骤，分析某一证券在某段时间内的黄金分割位，及其支撑或者阻力位的情况；4. 记录各种因素形成的支撑和阻力位的现象，分析它们实际的有效性。（本预留页面不够的，可以加页）

续表

分析和讨论：

续表

实验中遇到的问题和收获：

实验完成情况：

指导教师签名：
日　期：　　年　　月　　日

实验十一　指标分析

【实验目的】

指标是对价、量、时间坐标这些技术分析的三要素的直接信息进行一定的转换后得到的一种间接的表达。大多数技术分析教学中,都喜欢把指标分析描述得非常神奇,这对于初学者容易形成误导,不利于学生掌握技术分析的本质。指标又有很多种类,常用的指标就有几十种,所以,传统的投资分析课程教学惯于将指标分析的功能夸大。而本实验教程将所有指标的分析只放在一次实验课程中进行,一方面是试图降低指标在投资分析中的地位,另一方面是还原指标的本质价值。本实验不试图通过全面介绍各类指标体系来验证指标的价值,而是选择任何指标进行分析时的具体步骤和方法。这既给学生正确认识指标,利用指标分析的逻辑思路,又给学生学习各类指标提供了几个有效的主要分析路径。

【实验原理】

原理之一:统计学意义上的指标分析

目前出现的技术分析的分析指标不下数千上万个,即使经常被分析人士使用的技术指标也有数十种之多,虽然它们产生的背景、原因各不相同,具体指标表达的含义千差万别,但基本都有一个共同性:就是试图将历史的"价格—成交量—时间坐标"的规律性统计出来,用计算公式展现出来。换句话说,技术指标分析就是一个统计概率分析。

然而这种统计学意义上的概率分析,一定会和统计当时的投资者群体的资金、技术、对风险的态度、心态等多种因素有关,而使用当时环境下形成的统计数据结果得到的计算公式来对当下环境下的投资做出决策,实际中一定会存在较大的偏差。因此,技术指标分析不是"神"一样的分析。

原理之二:各种指标所表达的技术意义不尽相同,一般主要是通过趋势线指标、超买超卖型指标、人气指标等来进行不同方面的统计计算

主要指标有:KDJ、MACD、DMI、RSI、W%R、AR、BR 和 CR、SAR、BOLL、MIKE、CCI 指标等。

原理之三：使用指标进行分析的注意事项——以 KDJ 指标为例

1. 指标适用的时间问题

现在一般都认为 KDJ 指标适用于短线分析,但这其实是有误区的,原来计算 KDJ 指标时采用的是 5 日作为周期的参数的,现在的软件已经普遍采用 9 日作为参数,所以如果你没有改变周期参数的话,你的指标显现的信号将肯定比 5 日移动平均线所显现的要慢,做短线就不一定是最佳。现在之所以选用 9 日作为 KDJ 指标的周期,就是因为 9 日的周期所显示的信号比较安全,但这恰恰不是短线的目标。

图 11-1 所显示的是目前采用的 9 日作为周期时的 KDJ 指标的交叉,显然依照交叉买入的话,应该是已经上涨了两天后的 8 月 21 日,但 8 月 21 日该股是高开低走,对买入者的心理冲击是较大的,所以,交叉显示的买入点并非是最佳的买入点。

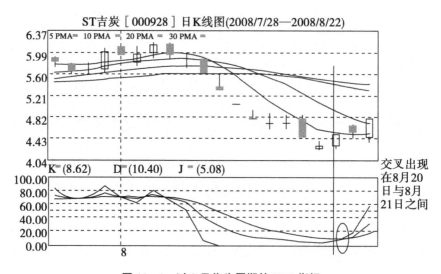

图 11-1 以 9 日作为周期的 KDJ 指标

图 11-2 所显示的是采用 3 日作为周期计算的 KDJ 指标的交叉,显然依照此交叉应该在 8 月 20 日就要买入该股,对该股的操作显然更具有短线的价值。

要说明的是,采用小周期计算的 KD 值会比较大(图 11-2 显示 8 月 20 日的 K 值是 21.95),采用长周期计算的 KD 值会比较小(图 11-1 显示 8 月 20 日的 K 值是 8.62),因此如果更改 KDJ 指标的周期参数,那么超买超卖区域值的确定也需要跟着更改。

另外,KDJ 指标虽然常用在短线分析上,但如果使用的 K 线图不是日 K 线图,而是周 K 线图、月 K 线图,那么这种短线是数周、数月的"短线"概念,显然是中长线的概念,而不是短线了。

2. 超买超卖与交叉的绝对位置的问题

KDJ 指标一般认为 K 值在 80 以上、D 值在 70 以上是超买,K 值在 20 以下、D 值在 30 以下是超卖。但这些数据都是经验数据,许多股票的超买超卖区域可能在 K 值 90 以上与 K 值 10 以下,并且极强或者极弱的行情,K 值和 D 值会在超买或超卖区内上下徘徊,并非真正的超买超卖。交叉的情况也是类似。有时候K值在30以下的交叉就是买入的信号,而另一些时候却要到K值在10以下的交叉才是买入的信号。

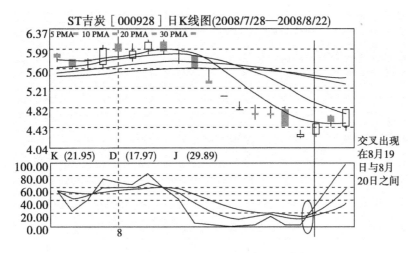

图11-2 以3日作为周期的KDJ指标

因为上面的问题,许多投资者认为KDJ指标本身存在模糊性。其实,任何指标都不是准确地交待出买入或者卖出的时点,KDJ指标也是这样,指标和其他技术分析一样提供的是一种对未来走势趋势的概率分析。

具体来说,解决KDJ以上问题的办法有两个:

一种办法是在运用KDJ指标时,同时运用其他的分析手段。譬如在使用KDJ指标进行短线分析时,同时参考VR、ROC等指标,观察股价是否超出常态分布的范围,使各个分析结果的概率集中在同一方向,增加预测分析的准确性。

另一种也许是更重要的办法,是根据个股的历史数据来进行判断。既然KDJ指标值是一个经验性质数据,那么我们就应该使用该个股的经验数据。

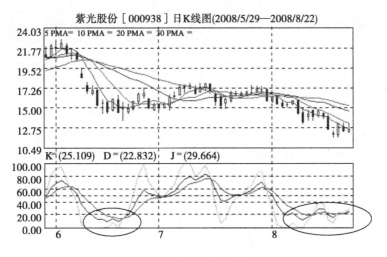

图11-3 KDJ指标历史经验数据的分析

图11-3显示的是紫光股份在2008年8月12日后K值和D值均达到一般的经验数据20以下,并在8月13日形成交叉,但短线的股价仍然下跌了一个台阶。实际上我们只要看该图前面(历史)的KD数据就可以知道,最近的低点出现在6月中旬,指标值是较低的15或者10以下,交叉也出现在15附近,因此8月12日至13日的KD值就不能算低值了,买入就必须谨慎。

3. 指标运用的矛盾性问题

所有的指标都仅仅是一个概率的问题,你千万不能迷信某一种指标,多种指标和其他分析手段的使用可以使你避免"上指标的当",不过,当指标出现矛盾的时候,往往也是你难以决策的时候,而有的时候时间就是成功与否的关键。

面对矛盾需要多方面分析,KDJ指标采用的是和RSI、W%R等指标类似的概念,方法上又和MA类似,所以当这些类似指标发出一致信号,而和其他的信号不同的时候,应该更关注那些不同的信号,千万不要简单地将信号进行代数和相加。其实不同的指标所有效运用的领域是一定的。在股价短期波动剧烈或者瞬间行情幅度太大时,使用KD值交叉信号进行买卖的话,经常出现买在了高点或者卖在了低点的窘境,此时就需要放弃使用KDJ指标,因为它不适用于这种场合,而应该改用CCI、ROC等指标。

解决矛盾性的第二个关注点是,矛盾总是出现在周期的不同上,前面关于周期的例子实际上已经说明,同一指标的不同周期数据,可能会得出不同的结论。而不同指标之间这种差距是天生存在的,所以改变指标的参数有时候是非常必要的。在KDJ采用9日周期作为参数的时候,如果价格波动的幅度太大,依据指标的信号进行买卖就会出错,此时将日K线图画面转变成5分钟或15分钟画面,可以使得指标具有更加快捷的反应速度。

原理之四:指标有效性是和指标使用的参数值相关的,而具体证券使用指标的有效性又是和个别具体证券的性质相关的

上面说到每个指标的计算都会有相应的参数,而证券交易分析系统所给定的指标参数仅仅是面上统计意义有效,具体到每个具体证券,其指标的参数值选定,决定了指标的有效性与否,但为什么会有这种具体证券不同指标参数值的差别呢?我们说是由具体证券的"性格"决定的(股性)。看上去有点唯心,怎么证券还有性格不同?其实,所有的证券价格都是由投资者的买卖决定的,而一段时间内买卖某种证券的投资者群体是相对固定的,尤其是炒作背景下,涉足某具体证券的大资金的投资者是相对固定的,那么这些由"人"背后操作的证券,自然就会表现出人的性格,这就会在证券价格走势上表现出来,指标的参数值的个性化,就来源于此。

【实验内容】

(一) 了解和学习常见的技术分析指标

常见的技术分析指标有:KDJ、MACD、DMI、RSI、W%R、AR、BR和CR、SAR、

BOLL、MIKE、CCI 等。

1. KDJ 指标的一般分析

超买超卖区域的分析：一般来说，可以根据 KD 值的绝对数据作为确定超买超卖区域的标准。通常 K 线在 80 以上、D 值在 70 以上为超买区域；K 值在 20 以下、D 值在 30 以下为超卖区域。超买是卖出的信号，超卖是买入的信号。

交叉的分析：由于 K 值变动比 D 值快，所以当 K 线由下向上突破 D 线后，就形成 K 线与 D 线的交叉，此为金叉；当 K 线由上向下突破 D 线时，也形成交叉，此为死叉。金叉是买进的信号，死叉为卖出的信号。交叉出现的位置决定了买卖信号的准确性，一般金叉出现的位置越低，信号的价值越大，死叉出现的位置越高，信号的价值越大。

背离现象的分析：股价的走势和 KDJ 指标的走势出现不一致的时候，我们称为背离现象。背离现象有两种情况，第一种情况是：股价创出新高，而 KD 值没有创新高，此为顶背离；股价创出新低，而 KD 值没有创新低，此为底背离。第二种情况是：股价没有创新高，而 KD 值创新高，此为顶背离；股价没有创新低，而 KD 值创新低，此为底背离。顶背离时应该卖出，底背离时应该买入。

2. MACD 指标的一般分析

绝对数值区域的分析：MACD 指标的取值范围是无限的，因而不像 KDJ 指标有一个确定的经验数据作为超买超卖区域的指示标准，但 MACD 的绝对数值还是有意义的。一般来说，当 DIF 与 MACD(DEA) 均为正值时，反映的是一种多头走势，正值数值越大，多头的持续时间越长；反之，当 DIF 和 MACD 均为负值时，所表示的则是一种空头走势，且负值数值越大，空头的持续时间越长。所以，当 MACD 正值很大时，需要防范多头转空头；当 MACD 负值很大时，需要防范空头转多头。

为了直观表达这种趋势，MACD 指标采用了红柱线和绿柱线的形式：红柱线(DIF-DEA 为正)反映了一种上升的势头，当红柱线由短变长时，表明涨势在继续且有扩大的趋势，当红柱线由长变短时，反映涨势在减弱；绿柱线(DIF-DEA 为负)反映了一种下跌的趋势，当绿柱线由短变长时，跌势有扩大的趋势，而跌势的趋缓必表现为绿柱线的由长变短。

交叉的分析：DIF 线与 MACD(狭义)线形成的金叉和死叉。

背离的分析：顶背离和底背离的分析。

3. DMI 指标的一般分析

交叉的分析：

(1) 走势在创出新高过程中，+DI 会上升，-DI 会下降。因此，当图形上 +DI 从下向上递增突破 -DI 时，显示市场内部有新的多头买家进场，愿意以较高的价格买进，因此为买进信号。

(2) 走势在创出新低时，+DI 会下降，-DI 会上升。因此，当 -DI 从下向上递增突破 +DI 时，显示市场内部有新的空头卖家出货，愿意以较低价格沽售，因此为卖出信号。

(3) 当走势维持某种趋势时，+DI 和 -DI 的交叉突破讯号相对准确，但走势出现牛皮盘整时，+DI 和 -DI 发出的买卖讯号应视为无效。

（4）当+DI与-DI相交后，ADX会随后与ADXR交叉，如果行情上涨，则是最后一次买入机会；如果行情下跌，则是最后一次卖出机会。随后的上涨或下跌空间将较大。

简单地说，当+DI从下向上突破-DI时，股价会上涨，应该买入；反之，当+DI从上向下突破-DI时，股价将下跌，应该卖出。

ADX的趋势分析：

（1）趋势判断。当行情走势朝向单一方向发展时，无论是涨势或跌势，ADX值都会不断递增。因此，当ADX值高于上一日时，可以断定当前市场行情仍在维持原有趋势，即股价会继续上涨，或继续下跌。特别是当+DI与ADX同向上升，或-DI与ADX同向上升时，表示当前趋势十分强劲。

（2）牛皮市判断。当走势呈牛皮状态，股价新高或新低频繁出现，+DI和-DI愈走愈近，反复交叉，ADX将会出现递减。当ADX值降低至20以下，且出现横向移动时，可以断定市场为牛皮市。此时趋势无一定方向，投资者应持观望态度，不可依据±DI发出的信号入市。

（3）转势判断。当ADX值从上涨高点转跌时，显示原有趋势即将反转，如当前处于涨势，表示跌势临近；如当前处于跌势，则表示涨势临近。此时±DI有逐渐靠拢或交叉之表现。ADX在高点的反转数值无一定标准，一般以高度在50以上转跌较为有效。观察时，ADX调头向下，即为大势到顶或到底之讯号，此后ADX往往会持续下降到20左右才会走平。在大牛市行情中，ADX在50以上向下发生转折，仅仅向下降到40～60之间就再度回头上升，并且在此期间股价走出横盘整理的走势，而ADX回升时股价也向上猛涨，这是大行情来临的征兆。

4. RSI与W%R指标的一般分析

RSI的分析：

（1）超买超卖区域的确定

一般来说，6日RSI在80以上是超买，20以下是超卖；12日RSI在70以上是超买，30以下是超卖。但超买超卖范围的确定还取决于以下两个因素：

一是市场的特性和股票的股性。起伏不大的稳定市场一般可以规定70以上超买，30以下为超卖；变化比较剧烈的市场可以规定80以上超买，20以下为超卖。股价波动幅度大的股票，其RSI的波动幅度也大，超买超卖的区域值也会大些；股价波动幅度小的股票，其RSI的波动幅度也小，超买超卖的区域值也就小些。譬如在牛市时，通常蓝筹股RSI在80便属超买，在30便属超卖，而二三线股，RSI达到85甚至90以上才是超买，在20甚至10以下才是超卖。

二是计算RSI时所取的时间参数。参数值选取的越大，其RSI的超买超卖区域值就越小。例如，对于6日RSI，可以规定80以上为超买，20以下为超卖；而对于24日的RSI，则需要规定65以上为超买，35以下为超卖。

（2）指标交叉的分析

通常RSI指标会采用不同周期的两个参数值，所以在RSI图形中，我们就可以看到两条不同周期的RSI线，因为周期不同，变化速度也不一样，所以就有了它们之间的交叉现象。

6日RSI由上向下穿过12日RSI形成的交叉是卖出的信号,6日RSI由下向上穿过12日RSI形成的交叉是买入的信号。

(3) 背离现象的分析

股价走势与RSI走势不同步时的现象就是指标的背离现象。但股价上涨,而RSI下降形成的是顶背离;股价下跌,而RSI上升形成的是底背离。这种股价变动与RSI变动所产生的背离现象,通常被认为是市场即将发生重大转折的信号。

W‰R的分析:

(1) 超买超卖区域的确定

一般来说,W‰R在80以上时,市场处于超卖区域,W‰R在20以下时市场处于超买区域。注意这里的数值与RSI的数值是相反的,为了在图形上直观表达,一般的行情软件都是将W‰R指标的坐标反过来设置的。

(2) 背离现象的分析

股价和W‰R之间也会出现背离现象:股价上涨而W‰R下降是顶背离;股价下跌而W‰R上升是底背离。

(二) 学习修正指标参数的基本方法

在证券交易分析系统中,学习怎样修改指标参数,并根据某个具体证券的历史指标和证券价格之间的关系,确定"最有效"的指标参数,预测未来的买卖点位。

【实验步骤】

1. 了解和学习常见的技术分析指标:KDJ、MACD、DMI、RSI、W‰R、AR、BR和CR、SAR、BOLL、MIKE、CCI指标和其他技术指标的基本技术含义。

2. 对某个具体证券的指标所给出的买卖信号,与其后期的价格走势进行比对,统计指标的有效指示误差,对误差超过30%的指标进行指标参数的修正:利用证券交易分析软件系统的修改参数功能,对指标进行试修改,并对修改后的指标与该证券价格的指标买卖信号的有效指示进行统计,如此反复多次,直到指标的买卖有效指示误差低于10%,确定该证券该指标的指标参数,再对该证券的未来走势,利用该指标进行分析。

3. 回顾之前实验时自己模拟买卖证券,再次利用技术指标进行验证、分析。

【实验报告】

实验科目	指标分析		
实验时间		实验地点	

实验要点：
1. 进入证券交易分析软件系统，学习观察常见的技术分析指标：KDJ、MACD、DMI、RSI、W%R 等的技术含义及买卖信号识别；
2. 进入证券交易分析软件系统，确定具体证券的指标参数；
3. 利用修改指标参数后的指标，对具体股票进行指标分析；
4. 给出投资建议。

实验内容记录：

本实验内容记录要求根据本实验课学习和练习的内容，完成以下内容：1. 记录和描述某具体证券的指标 KDJ 的买卖信号位置；2. 记录和描述某具体证券的指标 MACD 的买卖信号位置；3. 记录和描述某具体证券的指标 DMI 的买卖信号位置；4. 记录和描述某具体证券的指标 RSI 和 W%R 的买卖信号位置；5. 记录确定某具体证券的某技术分析指标参数的过程和结果；6. 利用修改指标进行指标分析，并给出投资建议。（本预留页面不够的，可以加页）

续表

分析和讨论：

实验中遇到的问题和收获：

续表

实验完成情况：

指导教师签名：
日　期：　　年　　月　　日

实验十二~十四　综合分析

【实验目的】

在全面的投资分析理论教学和以上各个分步投资分析的实验课程之后,摆在学生们面前的一个关键问题是如何综合运用这些理论和技术进行综合分析。本实验环节就是在学生们了解和一定程度上掌握了投资分析的技术和方法的基础上,通过最后的实验环节,要解决学生们进行投资综合分析时的先后顺序和分析重点的问题。本实验主要提供综合分析的基本思路,分步分析和综合分析的具体分析效果是要通过一定周期的跟踪才能实现,除了在课程存续期间,通过跟踪具体资本工具的价格变动与预测结果之间的偏差来检验外,学生们也可以通过课程结束后,在课外长期坚持分析和观察来解决。课程内的教学不是目的,课内外的专业学习才是金融学专业学生应该拥有的学习态度,也是本实验教程试图培养学生养成的学习习惯。

【实验原理】

综合分析是将影响证券价格和走势的各种影响因素进行汇总分析和比较分析,对证券未来走势进行预测,给出投资的最终意见。

综合分析的基本面分析通常至少包括如下内容:宏观经济分析、行业分析、公司分析等;技术面分析通常至少包括如下内容:K线形状及其组合形态分析、量价关系分析、指标分析等。之外还有投资组合分析、估值分析等。

【实验内容】

(一)利用证券投资分析交易系统,初步选择近期的热点板块和龙头股票,选择出自选股组合;

(二)利用基本面分析的各种方法,对自选股组合中的某只主观认为最有前景的证券进行基本面的分析;

(三)利用技术面分析的各种方法,对该只证券进行技术面的分析;

(四)投资心理、投资技巧和投资时机等其他相关的分析;

(五)写出投资分析报告。

【实验步骤】

1. 初选自选股组合;
2. 对自选股组合内的某只证券进行基本面、技术面等方面的分析;
3. 写出投资综合分析报告。

【实验报告】

实验科目	综合分析		
实验时间		实验地点	
实验要点: 1. 利用前述实验的基本面分析方法,对某具体证券进行基本面分析; 2. 进入证券交易分析软件系统,对该具体证券的技术面进行分析; 3. 对该具体证券的投资时机进行选择; 4. 确定是否适合短(中、长)线投资,给出投资建议。			
实验内容记录: 　　本实验内容记录要求根据本实验课学习和练习的内容,完成以下内容:1. 记录初步选股的过程;2. 对初步选择出来的股票,进行基本面的分析;3. 对基本面基本合格的证券,进行技术面的分析;4. 对基本面、技术面都适合投资的证券,进行选时分析;5. 给出短线、或者中线、或者长线投资的建议。(本预留页面不够的,可以加页)			

续表

分析和讨论：

续表

实验中遇到的问题和收获：

实验完成情况：

指导教师签名：
日　期：　　年　月　日